편지로 보는
은밀한 세계사

편지로 보는 은밀한 세계사

초판 1쇄 발행 2023년 5월 20일
초판 2쇄 발행 2023년 12월 5일

지은이 송영심
펴낸이 이지은 **펴낸곳** 팜파스
기획편집 박선희
디자인 조성미 **마케팅** 김서희, 김민경
인쇄 케이피알커뮤니케이션

출판등록 2002년 12월 30일 제10-2536호
주소 서울특별시 마포구 어울마당로5길 18 팜파스빌딩 2층
대표전화 02-335-3681 **팩스** 02-335-3743
홈페이지 www.pampasbook.com | blog.naver.com/pampasbook
이메일 pampasbook@naver.com

값 16,000원
ISBN 979-11-7026-573-3 (43900)

편지로 보는
은밀한 세계사

송영심 지음

팜파스

들
어
가
며

역사적 인물들이 쓴 편지에는 공식적인 모습에서는 찾아볼 수 없는 사연들이 오롯이 담겨 있습니다. 이 책의 일독을 감히 독자들에게 권하는 것은 교과서에서 배우는 딱딱한 역사적 사실 속에서는 잘 알 수 없는 진정한 인간의 목소리와 절절한 사연이 편지 속에 숨어 있기 때문입니다.

지극히 사적 영역에 속하는 편지 속에서 대중 앞에 그럴싸하게 포장되어 전달되었던 역사적 인물의 민낯이 낱낱이 드러납니다. 멍든 가슴속에 감추어 두었던 이야기, 감히 소리칠 수 없었던 저 마음 깊이에서 토해 내는 말들이 생생히 편지 속에 메아리칩니다.

편지에는 죽음을 눈앞에 두고 사랑하는 아내와 자식들에게 마지막으로 남기는 메시지, 삶이 끊어지는 그 순간에도 희망을 희구하는 마음, 그리운 조국에 보내는 안쓰럽기 이를 데 없는 부탁들, 울분을 토하며 나라를 생각하고 죽음의 현장으로 달려가면서도 애써 웃으며 벗에게 보내는 메시지, 접고 또 접고 들킬까 또 접은 비밀 편지의 흔적, 내일이면 처형장에서 숨이 끊어지는데 오늘 마지막으로 어머니와 누이를 만나며 눈짓으로 램프 아래 숨긴 시를 알리는 역사적 인물의 모습이 담겨 있습니다.

청과 조선의 왕이 남긴 편지에서는 어느 때는 신하에게 호통을 치고, 어느 때는 어르고 달래며 국가의 일인자로 통치하는 것이 얼마나 어려운지 전해집니다. 끝으로 한 조선 여인이 먼저 병으로 세상을 떠난 남편에게 보내는 절절한 사랑의 애타는 편지가 시공간을 초월하여 감동을 전해 줍니다. 편지 글을 읽다 보면, 영광과 명예를 모두 내던지고 혁명을 위해 떠나는 이를 향한 뜨거운 존경심이 마음속에서 일어나는가 하면, 역사 속 상식처럼 알고 왔던 지식이 사실은 진실이 아니었음을 알게 되기도 합니다.

이 책의 편지들에는 독자, 특히 청소년의 이해를 돕기 위하여 왜 그 편지를 쓰게 되었는지를 알려 주는 사건의 배경이 마치 영화를 보듯이 흥미롭고 재미있게 담겨 있습니다. 순간, 순간의 극적인 사실들은 편지를 쓴 인물이 그 다음에 어떻게 되었을까 궁금해하며 다음 페이지를 넘기게 만듭니다. 편지의 시대적 배경을 이해하게끔 도와주는 이미지 자료도 함께 넣어 그 시대상을 쉽게 이해할 수 있도록 하였습니다.

참으로 오랜 시간이 걸렸습니다. 이제 이 원고가 세상에 나온다고 하니 밤을 새워 산같이 자료를 쌓아 놓고 글에 매진하던 지난날이 떠올라 감회가 새롭습니다. 우리가 코로나19를 극복해냈고 다시 자유롭게 활동할 수 있게 된 시기에 이 책을 내게 되어 더욱 기쁜 마음입니다.

처음 편지로 세계사를 풀어 보자는 기획을 해주시고 정성을 다한 아름다운 디자인으로 책을 엮어내 주신 팜파스 박선희 에디터님에게 깊은 감사를 드립니다. 팜파스가 아니라면, 그들의 용기 있고 가슴 먹먹한 사연들이 세상에 알려져 읽는 이의 마음에, 잔잔히 퍼져 가는 감동의 동심원을 그리기 어려웠을 것입니다.

세상에 책을 내는 모든 저자가 그러하듯이, 독자께서 이 책을 모두 읽고 마지막 책장을 덮으며 '참 좋은 책을 읽었다. 잘 소장해 서가에 꽂아 두어야겠다'고 해주시기를 바랍니다.

이 책을 다시는 돌아가지 못할, 젊음과 열정 속에 평생을 바쳐 교육한 그리운 학교, 중동중학교에서 총총한 눈동자로 역사 수업을 열심히 들었던 사랑하는 제자들에게 보냅니다.

— 교직 40년의 뜻깊은 날에 새봄을 기다리며

송 영 심

가장 극적인

역사 속 그날의

생생한

사적 기록

편지,
역사의 가장 극적인
장면을 담다

Part 01

사마천,
죽음과 수치 사이에서
번뇌하며 붓을 들다

만약 내가 법에 복종하여 벌로 죽음을 당한다 해도 아홉 마
리의 소에서 털 하나를 잃어버리는 것(九牛一毛)과 같으니
땅강아지나 개미의 죽음과 무엇이 다르겠습니까?

_사마천이 수치를 견디며 친구에게 보낸 편지

지금으로부터 2,100여 년 전인

기원전 99년 중국 한나라 조정. 황제 앞에 한 신하가 엎드린 채 화가 머리끝까지 난 황제의 진노를 감당하고 있었습니다. 황제의 노여움이 너무 커서 엎드려 있는 신하를 옹호하다가는 함께 휘말릴 수 있기에 그 누구도 나서서 그 신하를 편들지 않았습니다.

결국 중년으로 보이는 그 신하는 감옥에 잡혀 들어갔고 '무상죄(誣上罪, 없는 사실을 꾸며서 황제를 모독한 죄)'의 중벌을 받아 죽음을 목전에 둔 처지가 되었습니다. 도대체 이 신하는 무슨 일을 저지른 것일까요?

한무제, 홀로 이릉을 변호한 사마천을 벌하다

한은 중국을 최초로 통일한 진에 이어 기원전 202년 다시 한 번 천하를 통일한 거대 제국이었습니다. 한의 전성기는 제7대 황제인 무제(재위 기원전 141년~기원전 87년) 때 이룩되었습니다. 한무제는 16세 때 황제에 올라 장장 54년 동안 통치하면서 무소불위의 권력을 휘둘렀습니다. 한무제는 우리나라의 원수이기도 합니다. 기원전 108년 고조선을 멸망시키고 고조선 영토에 행정 구역인 한사군을 설치한 장본인이기 때문입니다.

한무제는 비단길을 개척한 황제로도 유명합니다. 비단길 개척은 한의 골칫거리인 유목 민족 흉노를 함께 물리치기 위해 장건(?~기원

한무제

전 114)을 월지국에 사신으로 보낸 일에서 시작되었습니다.

당시 월지국은 흉노의 공격으로 터전을 잃고 나라를 중국 서쪽으로 옮긴 상태였습니다. 장건은 기원전 138년에 수행원 100여 명과 길을 떠납니다. 그리고 흉노에 포로로 잡히는 등 갖은 고생 끝에 지금의 아프가니스탄 북부로 옮겨 간 월지국에 도착했습니다. 하지만 월지국은 평화롭게 살겠다며 군사 동맹을 거절했지요. 낙담한 장건은 돌아오는 길에 또 흉노에 포로로 붙잡혀 고생하다 죽을 각오로 탈출해 길을 떠난 지 13년 만에 장안으로 돌아왔습니다.

장건은 한무제에게 그동안 있었던 일을 상세히 설명했습니다. 그러면서 월지국을 찾아가는 길에 들른 대완국에 피땀을 흘리며 빠르게 달리는 명마가 있다는 보고를 했습니다. 대완국은 '페르가나'라는 이름으로도 불리는데 이란 계통의 유목민이 세운 국가입니다. 한무제는 이 말이 탐이 났습니다. 그래서 이광리(?~기원전 88)를 보내 길을 뚫어 대완국을 쳐서 명마를 잡아오게 했지요. 비단길은 이 과정에서 개척되었습니다.

이광리는 한무제가 총애하는 이부인의 오빠였습니다. 한무제는 기원전 99년 이광리에게 군사 3만을 주어 흉노의 우현왕을 치도록 명했습니다. 당시 명장으로 알려진 이릉(李陵 ?~기원전 74)에게는 별동대를 이끌고 이광리의 뒤를 도우라고 했습니다. 이릉은 적은 군사로도 충분히 흉노를 물리칠 수 있다며 무제에게 별동대 5천을 받았습니다. 이릉은 군사 5천 명으로 흉노의 11만 대군과 격돌해 1만여 명의 머리를 베

사마천

며 용감히 싸웠습니다. 하지만, 화살이 거의 떨어지고 진군을 재촉하는 북까지 찢어지는 등 전투를 계속하기에는 도저히 불가능한 상황에 다다랐습니다.

결국 이릉은 굴욕을 견디며 훗날을 기약하겠다는 마음으로 흉노에 투항했습니다. 이 전투에서 한으로 돌아간 군사는 고작 400여 명에 지나지 않았습니다. 흉노는 이릉의 영웅적인 성품을 알아보고 그를 선우(흉노의 군주를 일컫는 말)의 딸인 공주와 혼인시켜 우교왕으로 삼았습니다.

한편 한무제는 이릉이 투항했다는 사실을 알고 노발대발했습니다. 한무제는 이릉의 노모와 처자식을 극형에 처한 후 이릉의 죄를 묻기 위한 어전 회의를 열었습니다. 어전 회의에서 조정 대신들은 눈치만 보면서 한결같이 이릉을 일벌백계로 처단해야 한다는 주장만 했습니다. 그때 무제가 태사령 사마천(司馬遷, 기원전 145년?~기원전 86년?)에게 어떻게 생각하느냐고 물었지요. 사마천은 이릉의 입장에 대해 다음처럼 극진히 변호했습니다.

이릉은 5천 명도 안 되는 보병을 거느리고 적진 깊숙이 들어가…막강한 오랑캐에게 도전해 억만의 군사를 맞이하여 흉노의 선우와 연이어 10여 일을 싸워, 죽인 적군의 수가 서로 접전한 군사의 수보다 많았습니다.

적군이 사상자를 구하러 오지도 못하자 유목민의 선우가 매우 두려워하여 좌현왕과 우현왕을 모두 부르고, 활 쏘는 자들을 징집하여 전국의 군대가 함께 이릉을 공격하고 포위했습니다. 아군은 천 리 길을 이리저리 옮겨 다니며 싸우다 화살도 다 떨어지고 길도 막히게 되었는데, 구원병은 이르지 않고, 사졸들은 죽어 들에 쌓여만 갔습니다.

그러나 이릉이 큰 소리로 군사들을 위로, 격려하자 군사들이 모두 일어나 감격해 눈물을 흘렸습니다. 피를 뒤집어쓰고 눈물을 삼키며 빈 활을 다시 매, 번득이는 칼날을 무릅쓰고 북쪽을 향해 목숨을 걸고 적과 싸웠습니다.

사실 사마천이 이릉을 이렇게 변호한 까닭은, 무제가 이릉이 투항한 것에 깊이 탄식하기에 이를 달래 주기 위함이었습니다. 그 내용을 편지에서 살펴보겠습니다.

'그가 적에게 패하기는 했지만, 그 속뜻을 보건대 적당한 기회를 기다렸다가 나라에 보답하려 한 것이었다'고 생각했습니다. 천자께서 저의 뜻을 분명하게 이해하지 못하시고, 제가 이사장군 이광리를 모함하고 이릉을 위해 변호한다고 여기시어 저를 옥사를 맡은 관리에게 넘겨, 절절한 저의 충심을 끝내 펼칠 수 없었습니다.

그래서 천자를 속였다고 여겨져 법관의 판결에 따르게 되었습니다.

그러나 무제는 사마천이 이릉을 변호한 속뜻을 파악하지 못하고 진노했습니다. 엎친 데 덮친 격으로 이광리는 사마천을 이릉과 한패거리라고 모함했습니다. 사실 사마천과 이릉은 친한 사이가 아니었기 때문에 참으로 억울한 모함이었습니다.

오히려 나중에 흉노와 결탁하는 것은 이광리였습니다. 그는 여동생인 이씨 부인이 낳은 창읍애왕 유박을 태자에 앉히기 위해 지금의 태자를 제거하려다 들키고 맙니다. 무제는 이광리의 구족을 멸문시키지요. 그러자 이광리는 흉노로 도망갔습니다. 그런데 이광리보다 먼저 흉노에 투항한 한인 위율의 모략으로 이광리는 흉노의 호록고 선우의 어머니가 낫기를 기원하는 인신공양의 제물로 희생됩니다.

다시 사마천의 상황으로 돌아와 보면, 사마천이 이릉과 사적인 교류가 없었는데도 그를 변호했다는 것을 알 수 있습니다.

저와 이릉은 함께 궁중에서 일을 했지만, 평소 친하지는 않았습니다. 서로 지향하는 바가 다르기 때문에 일찍이 함께 술을 마시며 은근한 정을 나눠 본 적도 없습니다. 그러나 이릉의 사람됨을 보건대 비범한 선비의 품위를 스스로 지키며, 부모를 극진히 모시고 사람과 사귐에 신의가 있고 재물에 대해서는 청렴하며 주고받는 데는 의롭고 분별해야 할 일에는 겸양이 있고 아랫사람에게 공손했습니다. 항상 분발하여 자신을 돌보지 않았으며, 국가가 위기에 처하면 자신을 희생하였습니다.

유지를 받들어 어떻게든 살아남아 『사기』를 완성하다

결국 사마천은 이릉을 편든 죄로 사형을 선고받았습니다. 당시 그의 나이는 47세이고 직함은 태사령이었습니다. 태사령은 아버지 사마담이 맡았던 직함을 이어 받은 것으로 학문, 천문, 역법을 연구하는 직책이었습니다.

사마담은 눈을 감을 때 "내가 죽거든 너는 향을 사르고 절할 생각만 하지 말고, 공자의 『춘추』를 이을 책을 쓰라"고 당부했습니다. 자신이 못다 이룬 역사서 편찬 작업을 완성해 달라는 유지를 남겼지요. 사마천은 유지를 받들어 아버지가 돌아가신 후 근 7년 동안 중국 상고 시대부터 한무제에 이르는 역사를 저술하고 있었습니다. 그런 와중에 죽음을 앞두게 된 것입니다.

한나라에는 극형을 선고받은 자가 선택할 수 있는 길이 세 가지 있었습니다. 첫째는 속전 50만 냥을 내고 풀려나는 것입니다. 그러나 50만 냥은 병력 5천 명을 1년 동안 유지하는 큰 돈이었습니다. 사마천이 도저히 감당할 수 없는 비용이었지요. 두 번째는 사형입니다.

마지막으로 세 번째는 부형(腐刑), 다른 말로 궁형(宮刑)입니다. 이 것은 인위적으로 남성의 생식기를 제거하여 환관과 같은 중성이 되는 형벌입니다. 당시 사람들은 궁형을 받아 남성을 잃고 모멸감 속에 사느니 차라리 사형을 선택했습니다.

그러나 사마천은 고민을 거듭하다 궁형을 받기로 합니다. 대대로 이어진 사관 집안에서 자란 그는 어떻게 해서든 살아남아 사서를 완성하는 일이 중요했던 것입니다. 궁형은 감염증이 심해지면 죽게 되어 생존율이 약 40%밖에 되지 않았습니다. 사마천은 궁형이 집행될 때 너무 고통스러워 "이것이 나의 죄인가! 이것이 나의 죄인가! 내 몸이 훼손되어 쓸모가 없어졌구나!(是餘之罪也夫! 是餘之罪也夫! 身毀不用矣)"라고 부르짖었다고 합니다.

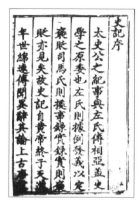

역사책『사기』의 첫 페이지

2년간 옥에 갇힌 사마천은 기원전 97년에 풀려납니다. 그리고 본격적으로 집필에 매진했습니다. 이때 그는 허리는 굽고 남성의 상징인 목청은 사라지고 여자같이 가느다랗게 목소리가 나는 중성화된 모습이었습니다. 사마천이 큰마음을 먹고 일을 보러 길을 나서면 사람들이 수군덕거리고 손가락질을 했습니다.

이릉 사건이 일어난 후 8년이 지난 기원전 91년경에 사마천은 동아시아 최고의 명저이자, 중국의 24사 정사(正史)의 대표인『사기』를 완성했습니다. 장장 130권에 52만 6천 5백자에 달하는『사기』의 원제목은 사마천이 직접 명명한『태사공서(太史公書)』입니다. 이것이 후한 말기에『태사공기(太史公記)』로 불리면서 약칭인『사기』가 일반적인 명칭으로 쓰이게 되었습니다.

사마천은 사관 집안에서 자라 20세 때부터 전국의 사적지를 다니며 현장을 답사했고 집안 대대로 내려오는 역사 기록물을 읽었습니다. 이를 바탕으로 중국 상고 시대의 전설로 내려오던 황제부터 한무제 2년(기원전 95년)까지, 3천여 년의 역사를『사기』에 기록했습니다.

또한 사마천은 역사 편찬의 새로운 장을 열었습니다. 바로 제왕을 중심으로 서술하는 기전체 양식을 만든 것입니다. 기전체 양식은 황제의 업적을 기록한 본기(本紀), 제후의 업적을 기록한 세가(世家), 제도와 문물을 기록한 서(書, 사마천 후대에 지(志)로 바뀝니다.), 연표를 작성한 표(表), 각 시대 유명 인물의 전기를 기록한 열전(列傳)으로 구성된 역사 서술 체제를 말합니다. 기전체 양식은 중국은 물론 동아시아, 예를 들면 고려, 조선 시대에 편찬한『삼국사기』,『고려사』등에 계승되었습니다. 그야말로 역사의 대걸작으로 후대 사서의 모범이 된 것입니다.

궁형을 택한 절절한 심경을 편지에 담다

사마천과 아주 친한 임안(任安)이 한무제의 여태자 유거가 일으킨 '무고의 난'에 연루되고 맙니다. 여태자가 난을 일으킬 당시 임안은 경성의 금위군 중 북군을 관리하는 호군(護軍)으로 있었습니다. 여태자가 임안에게 북군을 동원하라고 명령했을 때 그는 예를 갖추어 절은 올리면서도 문을 닫고 움직이지 않았습니다. 그런데도 임안에게 앙심을 품은 관리의 모함으로 임안은 억울한 누명을 쓰고 사형을 받게 됩니다.

임안은 앞서 이 상황을 경험한 사마천에게 편지를 보내 죽음을 맞아야 할지, 궁형을 당해야 할지에 대해 물었습니다. 이에 사마천이 보낸 답이「보임소경서(報任少卿書) - 임소경의 편지에 대답하다」라는 편지입니다. 소경은 임안의 호입니다.

사마천은 편지로 임안에게 굴욕을 참고 살아남으라고 완곡하게 권했습니다. 하지만, 편지가 도착하기 전에 임안은 죽음을 택하고 허리가 잘리는 요참형을 받아 죽고 맙니다. 비록 친구의 죽음을 막지는 못했지만 임안에게 보낸 편지를 보면 사마천이 궁형을 선택한 배경과 그의 사상, 면모 등을 알 수 있습니다.

사람들의 부림을 받는 소나 말과 다를 바가 없는 천한 사람 태사 사마천이 삼가 소경(少卿) 족하(동료에 대한 존칭)에게 재배하며 말씀드립니다. …돌아보면 스스로 몸이 쇠잔하고 피폐하여 더럽힘에 처해 움직이면 허물을 입고 잘하려고 하면 도리어 손해를 봅니다. …저처럼 몸이 망가지면… 끝내 영예롭지 못하게 되고, 다른 사람에게 비웃음을 당해 스스로 더럽혀질 뿐입니다. …서신에 회답을 드렸어야 했는데, 공교롭게 황상을 따라 동쪽에서 장안으로 오게 되고 또 잡다한 일도 생겼습니다. …

지금 소경께선 앞을 예측할 수 없는 죄를 지으신 지 한 달이 지나 12월이 가까이 왔습니다. 저는 또 황상을 따라…가게 되었는데, 소경께서 뜻밖의 불행한 일을 당할까 걱정됩니다.

편지를 쓸 당시 사마천은 한무제의 신뢰를 다시 받아 환관 중 가장 높은 자리인 문서를 책임지는 중서령(中書令)에 올랐습니다. 그는 사관이었기 때문에 한무제가 가는 곳에 늘 참석해야 했지요.

사마천은 편지에 자신도 과거에 억울한 처벌을 받았는데 자신을 구하려는 사람이 없었다는 사실을 적었습니다.

집이 가난해 돈으로 죄를 대신할 수도 없습니다. 평소 교유하던 사람들 중에도 구해 주려는 이가 없습니다. 좌우의 친한 사람들도 한마디 말이 없습니다. 몸이 목석이 아닐진대 홀로 옥리들과 대오가 되어 깊은 감옥에 갇히게 되었으니, 누가 하소연해 주겠습니까. …이릉은 이미 살아서 항복하여 그 집안의 명성을 무너뜨리고 말았고, 저 또한 뒤이어 궁형을 시행하는 잠실(蠶室, 한에서는 궁형을 당하면 2차 감염의 위험이 있어 누에를 치는 방에 가둔 후 100일 이상을 지내게 했음.)로 불려가 천하 사람들의 웃음거리가 되고 말았습니다. 슬프고 슬픕니다.

편지 글을 읽으면 사마천이 옳은 일에 용기를 내었음에도 누구 하나 자신을 구해 주지 않았던 일과 궁형을 당한 것으로 마음의 상처를 얻었음을 알 수 있습니다.

만약 제가 법에 복종하여 벌로 죽음을 당한다 해도 아홉 마리의 소에서 털 하나를 잃어버리는 것과 같으니, 땅강아지나 개미의 죽음과 무엇이 다르겠습니까? 세상 사람들 또한 내가 절개를 위해 죽는다고 생각하기는커녕 나쁜 말을 하다가 큰 죄를 지어서 끝내 어리석게 죽었다고 여길 것입니다.

이 부분이 지금도 많이 인용되는 '구우일모(九牛一毛)'를 서술한

부분입니다. 즉 자신이 죽는다 해도 고작 아홉 마리 소의 무수한 털 중 한 가닥을 잃는 것과 같기에, 치욕스럽지만 궁형으로 살아남아 부친의 유지를 받드는 것을 선택했다고 썼습니다.

사람은 언젠가 한 번은 죽는데, 다만 그 죽음이 어느 때는 태산보다도 더 무겁고, 어느 때는 새털보다도 더 가볍습니다. 그것은 추구하는 바가 다르기 때문입니다. …가장 훌륭한 죽음은 선조를 욕되지 않게 함이고… 가장 나쁜 것은 궁형입니다.

이 글에서 '태산홍모(泰山鴻毛)'라는 고사성어가 나왔습니다. 자신이 궁형을 택하여 고난의 나날을 살다가 죽는 것은 태산 같은 무거운 죽음을 택한 것이라는 의미를 쓴 것이지요. 사마천은 임안에게 끝까지 살아남을 것을 권했습니다. 이어서 왜 비굴하게 살아남았다고 손가락질을 당하는 궁형을 택했는지를 아래와 같이 적었습니다.

제가 욕됨을 참고 구차하게 살아남으면서 더러운 감옥에 갇히는 걸 마다하지 않는 까닭은 내 마음을 다 펴지 못하고 비루하게 끝을 맞으면 문장을 후세에 남기지 못할 것을 한스럽게 여겼기 때문입니다. …
저는 겸손하지 못하게 잘 쓰지도 못하는 문장에 의지해 예로부터 세상에 전해 오는 누락된 이야기를 망라하여 그 행사를 고증하고 시작과 결말을 종합하여 성공과 실패, 그리고 흥성과 쇠망의 이치를 고찰했습니다. 그리하여 위로는 헌원(軒轅, 중국 전설상의 제왕)

에서 아래로는 지금에 이르기까지 표(表) 10편, 본기(本紀) 12편, 서(書) 8장, 세가(世家) 30편, 열전(列傳) 70편 등 모두 130편을 지어…일가의 문장을 이루고자 했습니다.

그러나 초고를 다 쓰기도 전에 이런 화를 당하게 되었는데… 제가 이 책을 저술하여 명산에 간직해 두었다가 저와 뜻을 같이하는 사람에게 전하여 모든 고을과 도시에 알릴 수 있다면, 제가 이전에 치욕을 당한 것에 대한 보상을 받게 될 것이니 비록 만 번 죽임을 당한다 해도 어찌 후회가 있겠습니까?

편지의 끝부분에는 비로소 궁형을 겪은 심정에 대해 적었습니다.

제가 말로 인해 이러한 화를 입고 마을 사람들의 웃음거리가 되어 조상을 욕되게 했으니, 무슨 면목으로 부모님의 묘소를 찾아가겠습니까. 수많은 세월이 쌓인다 해도 허물만 더 심해질 뿐입니다. 그래서 하루에도 아홉 번 장이 뒤틀리고 집에 있으면 몽롱하여 무엇인가 잃어버린 것 같고, 문을 나서면 어디로 가야 할 바를 모르겠습니다. 이러한 치욕을 생각할 때마다 등에서 식은땀이 흘러 옷을 적시지 않은 적이 없습니다.

궁형이 얼마나 수치스럽고 참담한 것인지를 잘 알 수 있습니다. 그런데도 사마천은 굴욕과 모욕, 손가락질을 참고 견디며 역사에 길이 남는 명저를 남겼으니 그의 집념과 정신력에 존경을 보내지 않을 수 없습니다.

임칙서가 여왕에게 띄운 울분의 편지,
"당신의 양심은 어디에 있습니까?"

당신의 나라에서 아편을 흡연하는 걸 엄격히 금지했다고 들었습니다. 그 말은 당신들이 아편으로 인한 해악을 분명히 알고 있다는 뜻이 아닙니까? 자기 나라에 해악이 된다는 것을 알고 있으면서 어떻게 그 해악을 다른 나라에게 전할 수 있습니까? 그것도 중국에게!

–임칙서가 영국 빅토리아 여왕에게 보낸 편지

세계사를 공부하지 않은 사람들은
영국을 '신사의 나라'라고 알고 있습니다. 그러나 영국은 알고 보면
역사상 가장 추악한 전쟁을 일으킨 나라입니다. 앞의 글은 중국인들
이 우러러보는 애국주의자 임칙서(林則徐, 1785~1850)가 영국 빅토
리아 여왕(재위 1837~1901)에게 보내려 한 편지의 일부입니다. 그가
이런 울분의 편지를 쓰게 된 까닭은 무엇이었을까요?

18세기 이후 영국은 청과 무역하며 엄청난 적자를 내고 있었습니
다. 청은 지대물박(地大物博)이라 하여 광대한 영토에서 나지 않는
생산물이 없었고, 무역할 때 대가로 오로지 은을 원했습니다. 반면
영국은 청에서 수입해야 하는 물건이 차, 비단, 도자기 등 산더미 같
이 많았습니다. 그중 차는 아주 인기 품목이었지요.

18세기 초, 찰스 2세(재위 1660~1685)와 정략결혼을 한 포르투갈
의 캐서린 공주(1638~1705)가 영국 사회에 처음 청나라의 차를 가져

옵니다. 이후 영국은 상류 사회에서
티 파티를 즐기게 되었습니다. 그러다
19세기 초 애나 마리아 스턴홉(1788~
1861) 공작 부인이 처음으로 '애프터
눈 티(afternoon tea)'를 시작합니다.
그러면서 점심과 저녁 사이에 차와 다
과를 먹는 '티타임(teatime)'이 일상으
로 자리 잡습니다. 당시 차가 얼마나

임칙서

인기 있었냐면 영국 가정의 지출에서 약 5%가 차 지불액이었으며 차 수입이 무려 11배가량 늘어날 정도였습니다.

그런데 청은 영국의 공산품이나 특산품을 사들이지 않아 영국은 무역에서 큰 적자를 보고 있었어요. 이에 영국 상인들은 불법적인 방법으로 적자를 회복하려는 꼼수를 냅니다.

영국, 아편 무역으로 청나라를 중독시키다

영국은 식민지인 인도의 벵골 지방에서 은밀하게 양귀비를 재배했습니다. 양귀비의 덜 익은 열매에서 흘러나오는 유액을 응결시켜 아편을 만들었지요. 이 아편을 청에 몰래 밀수출하기 시작합니다. 이로서 영국이 청나라에 수입만 해오던 상황이 달라집니다. 청이 인도에서 아편을 수입하면서 청과 영국 사이에 인도를 둔 삼각 무역이 시작됩니다. 이를 통해 청의 국가 재원이었던 은이 영국으로 막대한 양이 흘러들어 갔습니다.

그 결과, 청은 하루가 다르게 아편 중독자가 늘고 은의 값은 폭등하게 됩니다. 이것은 심각한 사회 문제가 되는데, 수치만 봐도 그 심각성을 알 수 있습니다. 1800년 밀수 아편량은 22.4톤이었는데 아편 전쟁이 임박한 1838년에는 무려 2,560톤으로 115배 이상 늘어났습니다.

1757년 건륭제 때 청은 광저우(廣州)에서만 서구와 무역하는 걸 허용했습니다. 또 외국과 무역하는 건, 중앙 정부에서 특허권을 허가

받은 '공행'이라는 상업 조합만이 할 수 있었습니다. 영국 상인들은 이것도 매우 불만이었습니다. 여러 군데에서 특허권 없이도 무역을 하고 싶었던 것이지요.

결국 1834년 자유무역을 원하는 영국 상공업자들이 압력을 넣기 시작합니다. 영국 의회는 그동안 영국 동인도회사만 중국과 무역할 수 있게 한 '대중국무역특권'을 폐지합니다. 이후 영국 상인들이 폭발적으로 밀수를 저지릅니다. 그들은 해상에 배를 띄우고 배 위에서 은밀하게 아편을 거래했습니다.

이 아편 밀수로 청나라는 한 해에 은을 약 3천만 냥어치나 내주게 됩니다. 당시 청나라의 1년 재정 수입이 4천만 냥이었으니 얼마나 큰 돈이 빠져나갔는지 알 수 있습니다. 게다가 청나라는 장장 10년 동안 '백련교도의 난(1796~1804)'에 시달려 재정이 형편없는 상태였습니다. 백련교는 불교를 바탕으로 둔 비밀스러운 중국의 민간 종교입니다. 주로 한족으로 구성된 이 백련교도들이 일으킨 난을 진압하고자 청나라는 막대한 군사비를 쓰고 있었던 것입니다. 거기에 아편 밀수까지 겹쳐 청의 재정은 휘청이게 됩니다.

당시 얼마나 아편이 널리 퍼졌는가 하면, 아편에 중독된 중국인들을 일컫는 '동아병부(東亞病夫, 동방의 병든 남자)'라는 말이 나올 정도였습니다. 관리들도 예외는 아니어서 중앙 정부의 관리들 중 10~20%가 아편 중독자였습니다.

처음 아편을 즐겼던 사람들은 무료한 황실 생활에 지친 황족들과, 갖은 모멸을 견뎌야 했던 환관 같은 상류층이었습니다. 그 다음으로, 최상류층의 기호품을 하사받은 고급 관료들을 거쳐 하급 관리와 상업 조합의 부유한 상인들에게 퍼져 나갔습니다.

상류층에게 비싼 값으로 아편을 팔 수 있을 거라 생각한 농민들은 청나라 말기부터 담배 농사 대신에 양귀비를 재배하기 시작했습니다. 처음에 아편은 상류층의 전유물로 고상한 기호품이었지만 재배와 유통 과정에서 하류층도 조금씩 그 맛을 알게 됩니다. 그러면서 중독자가 늘어나게 되었습니다.

청나라 말기, 전국에서 백련교도의 난이 일어나고 관리들의 부패와 폭정으로 생활이 힘들어져 갔습니다. 그럴수록 하층민들은 아편을 피며 몽롱함 속에서 현실의 어려움을 벗어나려 했습니다. 1830년대에는 아편 소비가 크게 늘어 소수 민족인 야오족 반란을 진압하던 총독이 군사 중 열에 일곱은 아편 중독자라는 내용의 보고서를 올릴 정도였습니다.

1837년 도광제(재위 1820~1850)는 아편 때문에 빠져나가는 은이 7천만 냥이라는 보고서를 받았습니다. 다급한 마음에 조정 대신들에게 해결책을 요구했고, 대신들의 의견은 둘로 나뉘었습니다.

하나는 이금론(弛禁論)이라고 합니다. 국내에서 아편 재배를 허용하고 그에 대한 관세를 내게 하는 것입니다. 또한, 하층민의 아편 흡연은 간섭하지 않되, 관료나 지식층, 군인들은 아편 흡연을 단속한다는 것이었습니다.

다른 하나는 엄금론(嚴禁論)입니다. 즉 아편을 강력히 단속해야 한다는 의견이었습니다. 특히 엄금론을 강하게 주장한 호광(현 후베이성, 후난성) 총독 임칙서는 이미 호광성에서 아편을 금지해 상당한 효과를 거둔 바가 있었지요. 임칙서는 별명이 '임청천'일 정도로 청렴하며 의지가 강한 관료였습니다.

임칙서, 편지로 여왕에게 양심을 묻다

마침내 도광제는 임칙서를 흠차대신(欽差大臣, 황제의 특명을 받은 대신)에 임명했습니다. 임칙서는 도광제와 19번이나 단독 면담을 한 후 막중한 책임감을 가지고 광저우로 향합니다. 1839년 3월 10일 임칙서는 아편 밀수의 소굴인 광저우에 도착했습니다.

광저우의 백성들은 흠차대신이 오는 행렬을 보려고 강을 따라 인산인해를 이루었습니다. 임칙서는 도착한 지 이틀 만에 공고를 붙여 아편을 엄중히 단속할 것임을 알립니다. 그리고 영국 상인과 내통한 공행 13개 상점의 행수를 소환해 날카로운 수사를 시작했습니다.

아편 단속을 위반해 잡아들인 사람만 1,600명에 달했으며 몰수한 아편은 2만 8천근이나 되었습니다. 임칙서는 단속만으로는 아편 밀수를 없애기 어렵다고 생각했습니다. 그래서 그는 국제법학자인 에머리히데 바텔(1714~1767)이 쓴 『국제법(Law of Nation)』을 구해 면밀히 공부하고, 영국의 빅토리아 여왕에게 편지를 띄워 협조를 구하려 합니다.

천조(天朝, 청을 말함)는 멀리에서 오는 상인들을 두 배나 정중하고 친절하게 대했습니다. 상인들은 이백 년 동안이나 무역으로 이득을 보았고 당신들은 이것으로 부유해졌습니다.

오랜 교역을 하여서 오랑캐(중국 주변의 여러 민족을 낮추어 일컫는 말)의 무리에는 정직한 사람 말고도 도덕적이지 못한 사람도 나타났습니다. 그들은 아편을 밀수하여 중국 백성을 유혹하고, 중국 전역에 퍼트렸습니다.

이는 자신의 이득만 알고 다른 이에게 끼치는 해악을 모르는 것이니, 천리(天理, 자연의 섭리를 말함)에 그릇될 뿐 아니라 온 인류가 증오해야 할 일입니다. 대청 제국의 황제는 아편의 해악을 들어 격노하셨습니다.

편지 서두에는 청은 영국에게 정중하게 대했으나 영국 상인들은 무역으로 이득을 보면서도 아편을 밀수해 중국 전역에 퍼트려서 인류가 증오하는 범죄 행위를 저질렀음을 비판하고 있습니다.

임칙서는 여왕에게 전하고픈 핵심을 이렇게 적었습니다.

당신의 나라가 여기서 6~7만 리나 떨어져 있음에도 무역을 하려고 이곳까지 오는 것은 이곳에서 보는 이득이 크기 때문입니다.

그것은 곧 우리의 부가 영국 상인들에게 막대한 이득을 약속한다는 것입니다. 당신들이 가져간 부는 모두 중국인의 정당한 몫이라는 뜻입니다.

그런데 영국 상인들은 어째서 중국인을 해치는 아편을 파는 것입니까? …묻겠습니다. 당신의 양심은 어디에 있습니까?

이 편지는 도광제의 허락을 받아 빅토리아 여왕에게 보내졌습니다. 비록 편지는 여왕에게 전달되지 않은 것으로 여겨지지만, 편지 전문은 영국의 유력 신문인 「런던 타임지(The London Times)」에 실렸습니다. 영국 국민이 임칙서의 호소를 보게 된 것이지요.

이어 임칙서는 영국 상인들에게서 아편을 몰수하기 시작했습니다. 이들이 단 1000상자만 내놓자 더 압박하기 위해 영국 상인들의 거주지를 봉쇄하고 음식물과 물의 반입을 금지했습니다.

6주가 흐르자 영국 통상 감독관 엘리어트(1801~1875)는 더 이상 견딜 수 없다는 것을 파악했습니다. 엘리어트는 손해 금액은 영국 정부가 변상해 준다고 설득해서 상인들이 아편을 모두 내놓게 합니다. 이때 몰수된 아편은 2만 1,306상자(237만 6,254근)에 달했습니다.

임칙서는 아편을 확실하게 폐기하기 위해 소량으로 실험해 보았습니다. 그 결과, 아편에 불을 지르면 녹기만 해서 다시 회수될 가능성이 있었습니다. 임칙서는 생석회가 소금과 섞이면 열이 나며, 아편은

아편을 처분하는 임칙서

열에 약하다는 이치를 알아냅니다. 바닷가에 거대한 구덩이를 세 개 파고 바닷물을 끌어들인 후 생석회와 혼합된 아편을 웅덩이에 쏟아부어 열이 오르게 한 후 몽땅 바다로 흘려보냈습니다. 이 사건을 아편 폐기가 호문에서 이루어졌다 하여 '호문소연(虎門銷煙)'이라고 합니다.

임칙서는 바다의 신에게 오염 물질을 바다로 흘려보내서 참으로 죄송하다는 뜻으로 제사도 지냈습니다. 이후 임칙서는 다시는 아편 밀수를 하지 않겠다는 각서를 요구했지만 영국 통상 감독관 엘리어트는 이를 거부하고 영국 상인들을 마카오로 철수시켰습니다.

임칙서는 해상을 봉쇄해 영국인들을 더욱 압박했습니다. 이런 와중에 홍콩과 가까운 주룽반도에서 술에 취한 영국인 선원들이 농부 임유희를 살해한 사건이 일어났습니다. 영국인들은 이 사건에 대해 치외 법권을 주장하며 유족에게 합의금을 주는 선에서 적당히 끝내려 했습니다.

그러나 임칙서는 영국의 법과 국제법, 영자 신문을 번역해 증거를 대면서 범인들을 모두 청으로 인도할 것을 강력히 요구했습니다. 영국인들이 이를 끝까지 거부하자 임칙서는 이들을 마카오에서 추방시켜 홍콩으로 쫓아냈습니다. 엘리어트는 추방에 항의하고자 영국 군함 2척으로, 임칙서의 서약서 제출 등 요구를 받아들이고 청과 다시 무역을 하려고 광저우로 들어가려는 영국 상선 로열 색슨호를 포격했습니다. 이에 임칙서가 맞대응으로 청의 정크선 29척을 끌고 홍콩으로 갑니다. 그런데 이 단 2척의 영국 군함이 청의 29척 중 26척을 격침시켰습니다. 청의 해군이 얼마나 약한지가 백일하에 드러나는 참담한 결과였습니다.

이후 임칙서는 서양 포대 300문을 사들여 더욱 경계했습니다. 이후에도 영국인들은 청에 물건을 사고팔게 해달라고 계속 요구했습니다. 임칙서는 아편을 제외한다면 이를 허가하겠다고 했지요. 그러나 영국 상인들이 이를 거부했습니다. 결국 1839년 12월 6일 도광제의 명에 따라 임칙서는 영국과의 관계를 단절했습니다.

아편 전쟁, 세계사에서 가장 추악한 전쟁이 시작되다

한편 영국 의회는 1840년 4월 중국과 전쟁을 치르기 위한 군비를 쓰게 해달라는 예산안을 놓고 표결 심사를 진행했습니다. 당시 의회에서는 영국 상인들이 자신의 재산권을 지키기 위해 의원들을 상대로 총력전을 펼치고 있었지요.

외무장관 파머스턴(1784~1865)을 비롯한 전쟁 찬성론자들은 다음과 같이 주장했습니다. 광저우에서 몰수되어 파기된 아편은 밀수품이 아닌 영국인의 재산이라고 말이지요. 그들은 패배, 굴욕, 치욕을 모르는 영국이 광저우에서, 영국 상인의 재산을 몰수당했다는 것은 보통 수치가 아니라고 했습니다. 바닥에 떨어진 국위를 회복하기 위해 반드시 전쟁을 해야 한다고 말했지요.

반면, 양심적인 영국인들도 있었습니다. 훗날 수상이 되는 서른 살의 재선 의원인 윌리엄 이워트 글래드스턴(1809~1898)은 추악한 전쟁은 하지 말아야 한다며 이렇게 말했습니다.

이 전쟁이 과연 얼마나 오래 지속될지, 얼마나 많은 시간을 들여 수행하게 될지 알 수 없지만 이것만은 단언할 수 있습니다. 이만큼 부정하고, 영국을 명예롭지 못하게 만들 전쟁은 지금까지 보지 못했습니다.

이 전쟁으로 국가의 명예가 더럽혀졌습니다. 국가가 저지른 불의야말로 국가의 몰락을 불러오는 가장 완벽한 지름길입니다. 이 전쟁에서 우리가 승리하고 이득을 챙길 것은 분명합니다. 그러나 아무리 큰 이득이 있더라도 그에 비할 수 없을 정도로 영국 국왕, 우리 대영 제국의 명예, 위신, 존엄을 잃게 될 것입니다.

전쟁 예산안은 271표 대 262표의 단 9표 차이로 통과되었습니다. 외무장관 파머스턴은 도광제에게 편지를 보내 청의 태도를 격렬히 비난했습니다.

대영 제국이 중국에 이러한 적대적인 조치를 취하는 것은 중국 당국이 영국 관리와 국민에게 저지른 만행들에 의한 것이므로 정당한 것입니다. 그뿐만 아니라 …이러한 적대 행위는 중국인이 만족스러운 합의를 이루어지기 전까지는 멈추지 않을 것입니다!

이렇게 해서 영국은 자국 상인을 보호한다는 구실로 아편 전쟁을 일으킵니다. 이것을 '제1차 중영전쟁(1840~1842)'이라고 합니다. 영국은 철갑증기선 네메시스 호를 비롯하여 대포 540문을 실은 군함 16척과 인도에 주둔하던 병력 4천 명을 중국으로 파견했습니다.

영국군은 임칙서가 철저히 전쟁을 대비한 광저우를 포기하고 톈진으로 진격했습니다. 아편 전쟁을 치르며 청은 영국의 우수한 신무기 앞에 결국 무릎을 꿇고 맙니다. 도광제는 임칙서에게 전쟁에서 진 책임을 물어 흠차대신에서 해임하고 신장성으로 좌천시킵니다.

1842년 전쟁에서 진 청은 영국과 굴욕적이고 불평등한 '난징 조약'을 맺게 됩니다. 난징 조약으로 청은 광저우 등 5개 항구를 열어 주고, 홍콩을 영국에 넘겨주게 되었습니다. 또 공행의 활동을 중지하며 전쟁 배상금으로 거금을 물게 되었습니다. 국제법을 잘 몰랐던 청은 수출입품에 대한 관세를 영국과 협의하게 되었고, 영국인들의 치외법권(다른 나라에 있으면서 그 나라의 법을 적용받지 않는 권리)까지 인정해 주게 됩니다.

한편 도광제는 1846년 신장성으로 좌천시킨 임칙서를 다시 베이징으로 불러들여 요직에 앉힙니다. 임칙서는 윈난성에 일어난 이슬람 교도의 난을 성공적으로 진압하면서 태자태부에 임명되며 명예를 회복합니다. 1850년 임칙서는 65세의 늙은 몸을 이끌고 태평천국의 난을 진압하러 가다가 병을 얻어 눈을 감았습니다.

난징조약을 체결하는 모습

태평천국의 난, 안경을 탈환하다

　어떻게 보면 임칙서는 아편 전쟁을 일으킨 도화선에 불을 붙인 장
본인으로도 볼 수 있습니다. 하지만 그에 대한 후세들의 평가는 달랐
습니다. 임칙서는 강직한 성품으로 나라를 위해 영국 여왕에게도 굽
히지 않는 용기를 가진 애국지사이기 때문입니다. 그리하여 오늘날
많은 중국인에게 존경을 받고 있습니다.

추악한 군부에
진실의 횃불을 비추는
편지들의 행렬

진실은 살아 있고, 어떤 것도 그 무엇도 그것을 막을 수 없습니다. …진실이 지하에 묻히면 거기에서 자라나 폭발적인 힘을 발휘하여, 드디어 터지는 날 모든 것을 날려 버릴 것입니다. …오늘 제가 여기서 하는 행위는 진실과 정의의 폭발을 앞당기기 위한 혁명적인 방법일 뿐입니다.

–에밀 졸라의 시대적 양심을 담은 편지 '나는 고발한다'

1898년 1월 13일 프랑스 파리,
「로로르(L'Aurore)」 신문을 본 사람들은 깜짝 놀랐습니다. 1면에 큰 글씨로 '나는 고발한다!'는 제목의 공개서한이 한 면 가득 실린 것입니다. 그것도 프랑스를 대표하는 위대한 작가인 에밀 졸라(Émile Zola, 1840~1902)가 쓴 편지였습니다. 이 편지는 프랑스 제3공화국 대통령 펠릭스 포르(1841~1899)에게 보내는 것이었습니다.

원래 에밀 졸라가 쓴 편지의 제목은 '공화국 대통령에게 보내는 편지'였습니다. 그것을 신문사에서 '나는 고발한다!'라는 충격적인 제목으로 바꾸어 대중의 눈길을 사로잡았습니다. 이 제목을 에밀 졸라에게 권한 신문사 편집장은 당대 대표 지성인이며 후에 수상까지 오른 조르주 클레망소(1841~1929)였습니다.

이 편지로 인해 이 신문은 30만 부가 팔려 나갔습니다. 그렇다면 도대체 무슨 일이 있었기에 국민의 한 사람으로서 에밀 졸라가 대통령에게 공개편지를 띄운 것일까요?

에밀 졸라의 편지 '나는 고발한다!'

편지를 보낸 스파이를 찾아라!

사건의 발단은 1894년 9월에 일어났습니다. 프랑스는 프로이센과 벌인 보불 전쟁(1870~1871)에서 굴욕적인 패배를 하고 프랑스 궁정의 상징인 베르사유 궁전에서 빌헬름 1세가 독일 제국의 황제로 즉위하는 치욕을 겪습니다. 그뿐만 아니라 막대한 배상금과 함께 독일과 프랑스 국경 지대에 있는 알자스-로렌 지방도 뺏겼습니다.

이로부터 프랑스인들은 독일이라면 이를 갈 정도로 증오했습니다. 전쟁 후 20여 년이 지났지만 양국은 늘 긴장감이 흘렀습니다. 당시 프랑스 육군 참모본부 정보국은 프랑스 주재 독일 대사관을 24시간 내내 감시하고자 '마담 바스티안'으로 부르는 청소부를 고용했습니다.

그런데 이 청소부가 우편함에서 6조각으로 찢겨진 명세서를 발견했습니다. 그 명세서는 보낸 사람의 서명도 날짜도 없이 손 글씨로

프랑스 방첩 부대가 입수한 문서
(1894.10.13 촬영)

적혀 있었지요. 조각난 명세서를 맞추어 보니 놀랍게도 프랑스 육군 기밀문서와 관련한 명세서였습니다. 게다가 수취인이 독일 대사관 무관인 막스 폰 슈바르츠코펜 육군 대령이었습니다.

보낸 사람이 누구인지를 알 수 없었기 때문에 육군 참모본부는 이 편지를 발송한 스파이를 찾아내기 위해 비상이 걸렸습니다. 수사 당국은 탐문 끝에 독일계 유대인이며 알자스-로렌 지방 출

신의 프랑스 육군 포병 대위 알프레드 드 레퓌스(1859~1935)의 필체가 명세서의 필체와 비슷하다는 것을 알아냈습니다. 그리고 그를 전격 기소했습니다.

알프레드 드레퓌스

이 일이 이렇게 진행된 데에는 이 사건의 조사 책임자인 뒤파티 드 클람 소령이 있었습니다. 그는 드레퓌스의 필적을 얻어 내기 위해 회의를 열었습니다. 그런 다음 자신이 손을 다쳤으니 드레퓌스에게 대신 문제의 명세서를 똑같이 필기해 달라고 요청해 필적을 확보했지요. 그러고 나서 드레퓌스를 체포하여 범인으로 몰고 갔습니다. 드레퓌스는 자신이 쓴 게 아니라고 부인했지만, 뒤파티 소령은 드레퓌스에게 야비한 방법으로 자백을 강요하는가 하면, 차라리 자살하라고 총을 가져다주기도 했습니다.

에밀 졸라가 대통령에게 보낸 편지에 의하면 뒤파티 소령은 '랜턴을 들고 잠든 피고 곁으로 살며시 다가가 갑자기 얼굴에 불빛을 비추고, 피고로 하여금 잠이 깨는 충격 속에서 범행을 자백'하도록 강요했다고 합니다. 뒤파티 소령은 함정을 파고 광기 어린 상상력을 동원하여 드레퓌스를 막다른 골목으로 몰고 갔습니다.

드레퓌스의 변호인은 유죄의 증거가 오직 명세서 하나뿐이므로 드레퓌스를 범인으로 몰기에는 증거가 불충분하다고 항변했습니다. 유죄의 증거 역시 부실하기 짝이 없었습니다. 단 하나의 증거물인 명세서에 적힌 단어 13개 중 4개만 드레퓌스의 필체와 유사할 뿐이었지요. 또 드레퓌스가 명세서에 적힌 정보를 얻는 게 불가능하다고 밝혔는데도 군 법정은 드레퓌스를 일방적으로 범인으로 몰았습니다. 변호인은 공개 재판을 열라고 요청했으나 군 당국은 이를 거절했습니다.

재판이 진행되는 동안 유대인들을 싫어하는 가톨릭교회, 극우 보수 언론이 군 당국의 도움을 받아 온갖 유언비어를 만들어 퍼트렸습니다. 드레퓌스를 '프랑스를 파멸시키고 프랑스 영토를 차지하려는 유대인 국제 조직의 스파이'라며 그를 사형시켜야 한다고 여론 몰이를 했지요. 그러면서 프랑스 사회에 반유대주의를 퍼트렸습니다.

외부 압력을 받은 군 법정의 재판관들은 만장일치로 드레퓌스에게 반역죄에 의한 무기징역을 선고했습니다. 1895년 1월 5일 포병 연대원들이 늘어선 연병장에서 공개적으로 드레퓌스의 군적 박탈식이 진행되었습니다. 드레퓌스는 장교복의 계급장과 훈장, 소속 연대 표식이 새겨진 단추 등을 뜯기고 부관이 그의 앞에서 허리에 찬 예도를 공개적으로 부러뜨리는 수모를 당해야 했습니다.

1895년 1월 13일자 「르 프티 주르날」에 실린 앙리 메예가 그린 '드레퓌스 군적 박탈식(1월 5일)'

1895년 2월 드레퓌스는 악명 높은 프랑스령 기아나의 '악마 섬'으로 이송되었습니다. 드레퓌스는 악마섬에서 죽음과도 같은 고통을 겪었습니다. 뜨거운 태양이 이글거리는 적도의 찜통더위 속에서 중노동과 학대에 시달렸습니다. 한시도 감시를 벗어날 수 없었고 밤이 되면 두 발에는 차갑고 무거운 두 겹 족쇄를 차고 있었습니다. 수시로 자살하고 싶은 충동이 드레퓌스의 마음을 갉아먹었습니다.

드레퓌스의 결백을 증명하기 위한 가족들의 편지

동서고금을 막론하고 억울한 일을 당할 때 그 일을 견딜 수 있는 힘과 용기를 주는 건 역시 사랑하는 가족입니다. 드레퓌스도 그랬습니다. 드레퓌스는 31세 때 유대인 루시(1870~1945)와 결혼했습니다. 아내 루시는 드레퓌스가 투옥된 그날부터 악마의 섬으로 이송되어 혹독한 나날을 보내는 동안 내내 편지를 썼습니다. 그렇게 남편에게 용기를 북돋우며 남편이 결백하다는 걸 굳건히 믿고 있다고 전했지요.

…저는 당신의 아내라는 것이 자랑스럽습니다. …이 공포스러운 불행이 닥쳐오기 전까지 우리가 겪어 왔던 완벽하고 정결한 기쁨을 맛본 이들은 거의 없었을 것이요. …그 행복했던 삶을 다시 찾아오려면 이 무시무시한 수수께끼를 풀어 버리는 것 말고는 다른 방도가 없다고 생각해요. …저는 믿고 있어요. 저의 믿음은 결코 흔들리지 않을 것이요.

드레퓌스 역시 아내에게 결백의 편지를 보냈습니다.

어떤 악마가 순수하기만 한 우리 가족에게 이런 불행과 수치를 가져다주었을까. …나는 전 세계를 향해 나의 결백함을 소리치고 싶소! 나의 생명이 끊어질 때까지 내 몸에 흐르는 피가 마지막 한 방울만 남을 때까지, 나는 매일같이 쉼 없이 소리칠 것이오. 나는 죄가 없다고! … 내가 언제 당신에게 키스할 수 있을까요? 당신을 사랑하는 만큼, 당신을 흠모하는 만큼 천 번도 넘게 키스를 할 거요. 사랑하는 루시.

-1895년 1월 31일 편지

드레퓌스의 결백을 믿고 무죄 방면을 주장하며 백방으로 뛰어다닌 가족이 또 한 사람 있습니다. 바로 드레퓌스의 형 마티외(1857~1930)입니다. 형 마티외는 드레퓌스 구명 운동을 이끌고 재산을 쏟아부어 동생이 재심을 받게 하고자 뛰어다녔습니다. 그는 드레퓌스 지지 세력을 끌어 모으면서 혹시라도 동생이 삶의 희망을 잃을까 봐 편지를 보내 용기를 심어 주었습니다.

진짜 범인은 틀림없이 나타난다! …하찮은 위로 따위는 하지 않으려 한다. 저지른 적이 없는 범죄 행위로 너의 이름을 따라다니는 멸시와 수모가 단연코 너의 고개를 떨어트리게 할 수 없다고 네 스스로를 다져라.

그러나 군 당국은 교묘한 방해 공작을 펼쳤습니다. 드레퓌스의 편지를 검열하는 것을 넘어 심지어는 편지를 교류하는 것 자체를 금지시켰습니다. 아내 루시는 그렇다면 자신을 악마의 섬에 살게 해달라고 청원했으나 거부당했습니다.

가족의 피눈물 나는 노력에도 드레퓌스의 결백을 밝히는 일에는 별 진전이 없었습니다. 그러다 뜻하지 않은 곳에서 희망을 얻게 됩니다. 드

악마의 섬에서 유배된 드레퓌스 1898년

레퓌스가 악마섬에서 생활한 지 2년에 접어든 1896년 3월, 드레퓌스의 고등 군사학교 시절 지형학 교수이면서 새로 참모본부 정보국장이 된 조르주 피카르 중령(1854~1914)이 드레퓌스 사건 기록을 보다가 중요한 사실을 발견한 것입니다.

피카르 중령은 사건 기록을 면밀히 들여다보았는데 드레퓌스의 유죄를 입증할 어떤 증거도 찾을 수 없었습니다. 결정적으로 독일 무관에게 넘겨진 명세서 필적이 매우 낯익었습니다. 확인해 보니 정보국 방첩대 실무 책임자인 에스테르하지 육군 소령(1847~1923)이 보내온 배속 신청서의 문체와 일치했습니다.

피카르 중령은 곧바로 직속 상관과 참모 본부에 이 사실을 알리고 재심을 요구했습니다. 하지만 그의 보고를 받게 된 공스 장군, 드 부아데프르 장군, 비요 장군 등은 진실을 덮으려고만 했습니다. 피카르 중령에게도 사건을 은폐하도록 종용했습니다. 그들은 재심을 해서 드레퓌스가 무죄를 받으면 군의 명예가 땅에 떨어지게 되는 걸 두려

위했습니다. 결국 피카르 중령도 식민지인 튀니지 제4연대 지휘관으로 좌천됐습니다. 하지만 피카르 중령은 이대로 덮어 버리기에는 너무 중차대한 사건이라고 생각해 친구인 르블로아 변호사(1854~1928)에게 드레퓌스 사건의 조작과 은폐 사실을 털어놓았습니다.

르블로아는 상원 의원인 오귀스트 슈러-케스트너(1833~1899)에게 진실을 이야기했습니다. 이후 이 사람 저 사람을 거쳐 이 일은 언론에도 알려졌습니다. 여론은 '드레퓌스가 유죄다, 아니다'를 놓고 나뉘었고, 프랑스 전역은 재심 요구파와 재심 반대파로 나뉘었습니다.

재심 요구파에는 지식인과 법률 전문가, 공화주의자, 진보적인 정치인, 자유주의자, 소수의 언론이 있었습니다. 재심 반대파에는 군의 위신을 곧 국가의 위신으로 여기는 국가주의자, 이 기회에 군부와 프랑스 공적 기관에 있는 유대인을 몰아내고 국제적인 유대인 조직을 무너트리자고 주장하는 극우 가톨릭주의 세력과 정치인들, 국가 안보와 군의 위신을 최우선으로 보는 극우 보수 신문들이 있었습니다.

이들이 첨예하게 맞붙으며 격렬한 논쟁을 하도록 불씨에 기름을 부은 언론도 있었습니다. 극우 중 극우 신문인 「르 마탱(Le Matin)」이 독일 무관에게 보내진 기밀 서류 명세서의 사본을 입수하여 특종으로 단독 보도한 것입니다. 신문에 실린 사본을 보고 '드레퓌스 것이 맞다, 아니다'로 나라 전체가 벌집 쑤신 것 같은 난리를 겪게 되었습니다. 그 와중에서 에스테르하지의 필체를 익히 본 증권사 직원이 그의 필체가 맞다는 걸 드레퓌스의 형 마티외에게 알렸습니다. 마티외는 바로 에스테르하지를 고발했습니다.

아내 루시도 남편이 군사 법원에 제출된 증거 서류를 확인하지 못한 채 유죄 선고를 받았으니 재심을 받게 해달라고 의회에 청원서를 냈습니다. 그런데도 군 당국은 차일피일 조사를 미루었습니다. 매일 같이 에스테르하지가 유죄인지 무죄인지를 주장하는 보도와 논쟁이 진실과 정의를 가렸습니다.

드디어 1898년 1월 10일 에스테르하지에 대한 군사 재판이 열렸습니다. 기가 막히게도 만장일치로 무죄가 선고되었습니다. 그뿐이 아닙니다. 진범을 지목한 피카르 중령은 르블로아 변호사에게 국가 기밀을 누설하였다는 죄목으로 체포되었습니다.

대문호, 에밀 졸라가 대통령에게 띄운 편지

다시 여론이 끓어올랐습니다. '문명과 지성의 국가 프랑스는 이제 세상에 없다'는 자조적인 탄식이 흘러나왔습니다. 당대의 양심이며 살아 있는 지성인을 대표하는 에밀 졸라는 분노했습니다. 국가적인 분열이 야기되고 거짓 보도와 논쟁 속에 진실이 감추어지는 것을 더 이상 보고만 있을 수 없었습니다.

그는 이미 권위 있는 유력지인 「르 피가로(Le Figaro)」지에 드레퓌스의 무죄를 주장하는 글을 세 번이나 기고했습니다. 여기에 그치지 않고 에밀 졸라는 자비로 청년들에게 주는 팸플릿을 작성하여 돌렸습

에밀 졸라

니다. 그리고 1898년 1월 13일에는 '대통령에게 보내는 편지'를 '나는 고발한다!'는 제목으로 「로로르(L'Aurore)」 1면에 게재해 진실과 정의를 지키려는 투쟁의 한가운데에 섰습니다. 시작 부분을 보겠습니다.

　대통령 님!

　…당신은 갖은 중상모략에도 상처받지 않고 모두의 마음을 얻었습니다. …하지만 이 끔찍한 드레퓌스 사건… 군사 법정은 모든 진실과 정의에 대한 극도의 모욕이라고 할 수 있는 에스테르하지라고 하는 자에게 감히 명령에 따라, 무죄를 선고했습니다. 이제 끝입니다. 프랑스 국가의 이미지는 이 더러운 사건으로 더럽혀졌고 '역사'는 사회적 범죄가 저질러진 것이 당신의 대통령 재임 기간 중에 일어난 사건이었다고 기록할 것입니다. …

　진실, 저도 감히 진실을 말하겠습니다. …나는 공범자가 되고 싶지 않습니다. …대통령님, 정직하게 살아온 한 시민으로서 혐오감에서 치솟는 나의 모든 힘을 다해 이 진실을 외칩니다. 나는 당신의 강직함을 알기에 당신이 진실을 모른다고 확신합니다.

　…불행한 사람, '더러운 유대인'의 인간 희생에 경악을 금치 못합니다. 아, 그곳에서 광기와 어리석음으로 선동하고 휘젓는 모든 것들, 터무니없는 상상, 비열한 경찰 전술, 이 얼마나 탐욕스럽고 압제적인 관행입니까! 국가 안보를 핑계 삼아 진실과 정의를 외치는 국민의 외침을 억누르는 쾌락을 즐기면서, 이 나라를 짓밟고 있는 몇몇 고위층의 영달이 얼마나 증오스럽습니까!

에밀 졸라는 위대한 작가 반열에 드는 대문호답게 명문장으로 대통령을 향한 직격탄을 쏟아냈습니다. 그러면서 진실을 말하겠다고 밝혔습니다. 이어서 진짜 범죄 행위는 어떤 것들인지 나열하면서 총칼을 앞세운 국가 지상주의를 비판했습니다.

…끝으로 모든 인간이 일구어낸 과학이 진실과 범죄의 해결을 위해 전진하며 노력하는 지금, 애국심을 증오의 표식으로 악용하며 칼을 현대의 신으로 삼는 것은 범죄입니다.

그는 드레퓌스 사건은 유대인 사냥에 의한 사법적 오판임을 분명히 말했습니다. 한편 진실을 밝힌 피카르 중령에게 정의의 이름으로 찬사를 보내면서 진실의 엄청난 폭발력을 경고했습니다.

대통령님, 바로 이러한 과정을 거쳐 사법적 오판이 저질러졌습니다. …피카르 중령은 양심에 당당한 인간으로서 그의 의무를 다하였습니다. 그는 정의의 이름으로 상관들에게 건의를 올렸습니다. 그는 그들에게 간청까지 하였습니다. 그들의 직무 유기가 얼마나 위태로운 일인지를 알리며 간곡하게 설득했습니다. 공포스러운 뇌성이 조금씩 힘을 쌓고 있거니와 진실이 세상에 알려지게 되었을 때 그것은 대단한 폭발력으로 전 세계를 세차게 내리칠 것이라고 말했습니다.

에밀 졸라는 승리를 확신했습니다. 진실은 앞으로 나아가고 있으며 진실을 묻으면 엄청난 폭발력이 생겨 진실이 드러나는 날, 그 폭발력으로 세상을 날려 버릴 것이라고 썼습니다.

나는 최후에는 승리하게 될 것이라는 것을 조금도 의심하지 않습니다. …진실이 앞으로 나아가고 있고 그 어떤 것도 진실의 발걸음을 멈추게 하지는 못할 것입니다. …한편으로는 빛이 비추기를 원하지 않는 범죄인들이 있고 다른 한편에는 빛이 비추일 때까지 생명까지도 쾌히 바칠 각오가 있는 정의의 수호자들이 존재하고 있습니다. …진실이 지하에 묻히면 거기에서 자라나 폭발적인 힘을 발휘하여, 드디어 터지는 날 모든 것을 날려 버릴 것입니다.

'나는 고발한다'라는 제목처럼 에밀 졸라는 뒤파티 드 클람 중령을 시작으로 진실을 덮었던 장군들과 장교들, 필적 감정자들, 마지막으로 두 번 열린 군사 법정과 국방부를 고발해 나갑니다. 그리고 단언합니다. 바로 이들이 진정한 사회악이며 이들을 고발하는 건 진실과 정의를 위해서라고.

…그들은 내게 사회적 해악의 본질일 뿐입니다. 오늘 제가 여기서 하는 행위는 진실과 정의의 폭발을 앞당기기 위한 혁명적인 방법일 뿐입니다.

고발장을 쓴 에밀 졸라의 편지 마지막 부분은 시대가 바뀌어도 널리 읽히는 명문장입니다.

나는 많은 고통을 겪어 왔고 행복을 추구할 권리가 있는 인류의 이름으로 어둠 속에 갇혀 있던 사람들을 깨우치려는 단 하나의 열정, 빛의 열정을 가지고 있습니다. 나의 불타는 항의는 오직 내 영혼의 외침일 뿐입니다. 나를 중재 재판소로 데려가서 백일하에 조사가 이루어지도록 하십시오! 기다리고 있겠습니다.

에밀 졸라의 용기 있는 행동에 대해 전 세계의 지식인들이 박수와 찬사를 보냈습니다. 격려의 편지와 전문만 3만여 통이 몰려들었습니다. 『톰소여의 모험』으로 유명한 작가 마크 트웨인(1835~1910)은 「뉴욕 해럴드(New York Herald)」에 이렇게 쓰며 찬사를 보냈습니다.

나는 졸라에게 마음에서 우러나오는 존경과 끝없는 찬사를 보내고 싶다. 군인과 성직자 같은 겁먹은 위선자 아부자는 한 해에만 백만 명씩 태어난다. 하지만 잔 다르크나 에밀 졸라와 같은 인물이 출현하는 데에는 오백 년의 세월이 걸린다.

반면 극우 세력들은 더욱 날뛰었습니다. 유대인 상점을 불태우고 에밀 졸라의 기사가 실린 신문에 불을 지르기도 했지요. 에밀 졸라도 드레퓌스 재심 판결 이후 돌아온 파리의 아파트에 돌이 날아오는 등 테러에 시달려야 했습니다. 1898년 2월 에밀 졸라는 고발을 당해 명예 훼손죄로 재판을 받게 되었습니다. 그는 유죄 판결을 받고 징역 1년에 벌금 3,000프랑을 선고받았습니다. 이를 피해 에밀 졸라는 영국으로 망명을 갔는데 그가 갈 때 잡다한 짐과 정부까지 데려가는 바람에 여론의 날카로운 비난을 받았습니다.

이런 가운데 1898년 8월 39일 에스테르하지와 함께 피카르 중령을 모략하는 문서를 위조하는 데 참여한 앙리 중령이 면도칼로 목을 찔러 자결하는 사건이 일어났습니다. 한편 에스테르하지는 영국으로 도망간 다음, 상부의 지시를 받고 독일 무관에게 접근했다며, 즉 자신은 프랑스 국가를 위해 일한 이중 스파이였다는 내용으로 책을 출판했습니다.

드레퓌스가 억울하게 누명을 썼다는 정황과 증거가 속속 드러나자 군부는 맹비난을 받게 되었습니다. 1899년 드레퓌스에 대한 역사적인 재심이 열렸습니다. 드레퓌스는 무죄를 선고받았을까요? 아닙니다. 재판관 7명 중 5명이 여전히 드레퓌스를 유죄로 몰아 유죄를 선고받게 되었습니다. 다만 종신형만 10년형으로 감형되었을 뿐입니다.

하지만 에밀 졸라가 쏘아 올린 진실의 횃불은 결국 정의의 폭죽을 터트렸습니다. 이번에는 프랑스를 넘어서 전 세계 지성인들이 자기 나라에 압력을 넣었습니다. 그 결과로, 프랑스가 1900년 파리에서 열기로 한 세계 박람회를 보이콧하자는 운동이 일어났습니다.

다급해진 프랑스의 에밀 루베 대통령(1838~1929)은 9월 19일 드레퓌스에 대한 특별 사면을 내렸습니다. 그때 드레퓌스는 말라리아에 걸려 극도로 쇠약해져 생사의 갈림길에 놓여 있었습니다. 사면을 받으려면 어쩔 수 없이 유죄를 인정해야 했습니다. 그리고 드레퓌스는 이를 받아들여 석방되었습니다.

드레퓌스의 유죄 인정에 충격을 받은 피카르 중령은 그와 절연을 선언했습니다. 그런가 하면, 「로로르」 편집장인 조르주 클레망소는

10년 동안 싸운 것은 드레퓌스 하나를 위한 것이 아니라 정의로운 조국 건설을 위한 것이었다면서 드레퓌스에게 일신의 편안함만 추구하느냐고 맹비난을 퍼부었지요.

온갖 비난을 받으며 나온 드레퓌스는 건강을 회복했습니다. 그리고 1903년 정식으로 재심을 청구했습니다. 그 결과 1906년 7월 12일, 군사위원회에 의해 공식적으로 무죄가 선언되고 드레퓌스는 복권되었습니다. 무죄 선언이 발표된 지 열흘이 된 7월 22일 군중 20여만 명이 모인 가운데 그는 소령으로 승진했습니다. 그리고 프랑스인들이 최고 명예로 생각하는 레종 도뇌르 훈장을 수여받았습니다. 드레퓌스는 군인의 본분을 다하여 제1차 세계 대전에도 참전해 중령으로 진급했습니다.

그러나 모든 것이 순조롭게 끝나지는 않았습니다. 에밀 졸라는 1902년 드레퓌스 반대파들을 향한 생애 마지막 글인 '공화국 대통령 루베 각하에게 보내는 편지'를 발표한 다음 날, 자신의 아파트에서 석탄 난로 연기에 질식해 죽는 의문의 죽음을 당합니다.

'인류의 양심'으로 진실을 파헤친 정의로운 자는 역사가 영원히 기억합니다. 에밀 졸라는 드레퓌스가 복권된 2년 후, 프랑스 국가 위인 묘지인 파리의 팡테옹(Panthéon)으로 이장되었습니다. 그리고 진리와 정의의 수호자로 수많은 진실을 추구하는 사람들에게 용기와 힘을 주고 있습니다.

민중의 간절한 탄원이
'피의 일요일'이 되어 돌아오다

저희는 가난하고 핍박 속에서 과도한 노동을 하며 경멸을 받습니다. 인간으로 취급받지도 못했습니다. 그저 이것을 운명으로 받아들이고 참아야 하는 노예로 살아가고 있습니다.

_러시아 황제 니콜라이 2세에게 전한 러시아 민중의 외침

1905년 1월 22일(러시아 달력, 1월 9일),
이른 아침이었습니다. 러시아의 수도 상트페테르부르크의 겨울 궁전
광장에 약 14만여 명이 시위를 벌이고 있었습니다. 사람들의 손에는
성상과 황제 차르의 초상이 들려 있었지요. 선두에는 가폰 신부가 섰
으며 어린아이의 손을 잡은 여인네도 있고 한 걸음을 떼기도 어려울
정도로 쇠약한 노인들도 있었습니다. 이들이 왜 이 평화적인 시위를
벌이게 되었는지는 당시 러시아의 상황을 보면 알 수 있습니다.

당시는 제정 러시아 시대였습니다. 17세기 이래로 300여 년간 러
시아에 군림한 로마노프 왕조가 다스리고 있었지요. 러시아는 중세

피의 일요일, 동궁 앞에서 비폭력 시위를 벌이는 사람들

시대의 토지 소유 관계에서 아직 벗어나지 못해 19세기까지 농노가 남아 있었습니다. 산업 혁명도 유럽에서 가장 늦게 일어난 후진국이었습니다.

러시아는 흑해로 진출하기 위해 오스만 제국과 크림 전쟁(1853~1856)을 벌입니다. 전쟁을 치르는 와중에 황제 알렉산드르 2세(재위 1855~1881)가 왕위에 오르게 되지요. 크림 전쟁에서 유럽의 선진국인 영국, 프랑스, 프로이센, 사르디니아 공국이 오스만 제국을 도우며 러시아는 패배하게 됩니다. 여기에 자극을 받은 알렉산드르 2세는 러시아가 다른 유럽 국가들에 비해 매우 뒤떨어져 있음을 깨닫고 개혁에 힘을 기울입니다.

알렉산드르 2세는 정치범을 석방하는가 하면, 출판물의 검열을 느슨하게 하고 유럽 여행도 허용했습니다. 1857년에는 "농노제는 아래에서부터 폐지되기를 기다리기 전에 위에서 철폐하는 것이 낫다."고 발표하더니 1861년에 '농노해방령'을 내려 농노제를 폐지했습니다.

하지만 농노가 농민이 되었다 해도 형편은 크게 나아지지 않았습니다. 농민들은 농노 해방으로 나눠 받은 토지에 대한 상환금을 갚느라 오랜 시간 허덕여야 했습니다. 그럴 수밖에 없는 것이 농민에게 할당된 토지의 땅값은 정부가 80%, '미르(mir)'라고 하는 러시아의 농촌 공동체가 20%씩 분담해 지주들에게 지불했습니다. 농민들이 이 땅값 중 정부 돈은 49년 동안 나누어 갚고, 미르의 돈은 20년 동안 갚아야 했지요. 즉 러시아 농민들은 봉건적인 종속인 농노에서 해방되었으나 경제적인 종속에 여전히 얽매어 있었던 것입니다.

게다가 알렉산드르 2세는 폴란드에서 반란이 일어나자 다시금 예전의 전제 군주가 되어 버립니다. 반란이 퍼지는 걸 막겠다는 생각에 강한 전제 정치를 펼친 것이지요. 그러면서 러시아의 사회 개혁은 더욱 더뎌집니다. 이에 저항하던 러시아의 지식 계급 '인텔리겐차(Intelligentsia)'는 허무주의에 빠지거나 '나로드니키(Narodniki, 인민주의자)'가 되어 "브나로드(민중 속으로)"라는 구호를 외치며 민중 속으로 들어가 지배 계급에 대항했습니다.

하지만 이때까지만 해도 농민들은 이들의 투쟁에 공감하지 못했고 왜 해야 하는지조차 이해하지 못했습니다. 급진적인 개혁 세력을 누르려는 경찰의 탄압도 더욱 심해졌습니다. 결국 인텔리겐차 중에서 테러를 일삼는 '인민의 의지(People's Will)'라는 과격파가 나타납니다. 이들은 여러 번 알렉산드르 2세를 암살하려 시도합니다. 그러다 1881년 드디어 알렉산드르 2세를 암살하는 데 성공합니다.

피폐한 민중의 삶은 혁명의 불씨가 되고

만약 알렉산드르 2세의 뒤를 이은 차르(러시아 황제를 일컫는 말)가 현명한 인물들이었다면 제정 러시아는 무너지지 않았을지도 모릅니다. '산 넘어 산'이라는 말이 있듯이 알렉산드르 2세의 뒤를 이은 알렉산드르 3세(재위 1881~1894)와 니콜라이 2세(재위 1894~1917)는 무능하고 정치적 감각이 매우 뒤떨어진 인물들이었습니다.

두 차르는 더 강한 전제 정치만 펼치려 했습니다. 당시 러시아는 정치, 경제, 사회적인 문제가 매우 심각한 상태였습니다. 민중의 삶

니콜라이 2세

이 도탄에 빠졌는데도 차르는 그것에 전혀 관심이 없었습니다. 오히려 민중을 구하려는 지식 계급과 자유주의자들을 탄압하는 데만 열중이었지요.

특히 니콜라이 2세는 온화한 성품이나 고집스러운 성격이 강했습니다. 니콜라이 2세는 알렉산드르 3세의 자문이며 왕자의 교육을 맡은 법률학자이자 보수 반동 극우주의자인 포베도노스체프(1827~1907)의 영향을 받았습니다. 그 결과, 니콜라이 2세는 민주주의와 헌법, 의회에 대해 부정적으로 생각하게 되지요. 그는 강력한 러시아를 만드는 데 이런 것들이 조금도 도움되지 않는다고 여겼습니다. 니콜라이 2세의 이런 시각은 러시아 시국과는 한참 동떨어진 것이었습니다. 당시 러시아 상황을 살펴볼까요?

1890년대부터 러시아도 산업 혁명이 시작되었습니다. 1891년 재무장관 위테(1849~1915)가 주도적으로 이끌며 시베리아 횡단 철도가 설치됩니다. 하지만 철도를 만들 자금을 마련하고자 과도하게 수출을 장려했습니다. 그러다 보니 정작 국내에서 쓸 생필품이 부족해지고 맙니다. 그에 따라 물가가 폭등하고 굶주리는 사람들이 늘어났습니다.

농촌에서 빚더미에 오른 수많은 농민들은 일자리를 찾아 도시로 향했습니다. 그 바람에 도시 노동자의 숫자가 급격히 늘어납니다. 그러나 도시에 오니 더 큰 고난이 그들을 기다리고 있었습니다. 당시

러일전쟁의 모습들

러시아는 서양 선진국들에 비해 공장의 기계가 낡고 위생 시설은 형편없었습니다. 열악한 환경에서 공장 노동자들은 낮밤이 따로 없는 가혹한 노동에 시달리면서도 제대로 임금도 받지 못했습니다.

게다가 로마노프 왕조가 다스리던 제정 러시아는 오스만 제국을 비롯한 주변국과 잦은 전쟁을 일으켰습니다. 그때마다 전쟁 비용은 농민과 노동자의 부담이 되었습니다. 특히 1904년부터 대한제국에 대한 주도권을 놓고 벌인 러일전쟁에서 일본에게 패배하면서 경제 공황과 실업자 문제가 심각해졌습니다. 임금은 극히 낮은데, 물가마저 치솟으니 정말 살기 힘든 나날이 이어졌지요. 그러자 지식 계급을 중심으로 사회주의자들의 노동 운동이 들불처럼 퍼져 갔습니다. 그런 시국이었는데 니콜라이 2세는 사태를 파악하지 못하고 사치스러운 궁정 생활만 계속했습니다.

니콜라이 2세가 얼마나 사태 파악을 못하는 인물인가를 알려 주는 일화가 있습니다. 1896년 5월 26일, 모스크바 크렘린의 성모승천대성당(The Cathedral of the Dormition)에서 니콜라이 2세의 대관식이 있었습니다. 대한제국에서도 명성황후의 조카인 민영환이 축하 사절단으로 참석한 바 있지요. 니콜라이 2세의 대관식은 러시아의 국력을 대내외에 과시하는 큰 행사였습니다.

대관식이 끝나고 5월 30일 모스크바 외곽의 코딘카 필드에서 축하 행사가 있었습니다. 대관식의 기념품으로 음식과 무료로 주는 맥주, 기념품 컵을 배부할 예정이었지요. 그런데 사람들 사이에 기념품이 충분하지 않다는 소문이 퍼졌습니다. 그러자 10만여 명이 기념품을 받기 위해 몰려들면서 행렬이 뒤엉키고 말았습니다. 행사 담당자와 기관원들이 이를 통제하지 못하는 바람에 무려 1,389명이 사람들의 발에 깔려서 목숨을 잃었고 1,300여 명이 부상을 입었습니다.

이런 참사가 있었는데도 니콜라이 황제는 황후와 함께 프랑스 대사관에서 열리는 무도회에 참석했습니다. 사실 니콜라이 2세는 무도회에 참석하고 싶어하지 않았습니다. 하지만 측근이 프랑스와 러시아의 동맹 관계를 고려해 참석하라고 조언하자 우유부단하게도 참석하기로 한 것이지요. 이 소식을 들은 희생자의 가족들은 그저 할 말을 잃었습니다.

하지만 그럼에도 러시아 사람들에게 아직 차르는 그리스 정교의 수장이며 신에게 허락받은 제국의 통치자로 각인되어 있었습니다. 그저 니콜라이 2세의 주변인들이 나쁠 뿐이지 차르는 진실되고 늘 러시아 인민을 보호해 주리라고 믿었지요.

차르, 민심을 알린 밀정의 편지를 묵살하다

한편 날이 갈수록 노동자들의 시위와 파업이 거세지자 제정 러시아의 정보기관과 경찰 당국자들은 이를 막기 위해 교묘한 분열 정책을 꾀했습니다. 바로 노동 운동가를 가장한 프락치(신분을 숨기고 몰래 활동하는 사람)들을 사회 운동 단체에 비밀리에 침투시키는 것입니다. 그런가 하면 어용 노동조합을 만들어 과격하게 흘러갈 수 있는 노동 운동을 온건한 방향으로 바꾸는 공작을 펼쳤습니다.

여기에 협력한 대표적인 인물이 러시아의 국교인 그리스 정교회의 가폰 신부(Georgy Gapon, 1870~1906)입니다. 그는 경찰국 및 오크라나(Okhrana, 비밀경찰)와 비밀리에 손을 잡고 '페테르부르크 공장 노동자 모임'을 만들었습니다. 이 모임에 참여한 노동자들은 점점 늘

게오르기 가폰의 초상화

어 1만여 명에 이르렀습니다.

1904년 12월, 니콜라이 2세가 승리하리라 굳게 믿었던 러일전쟁에 패색이 짙어졌습니다. 그러자 더 이상 참을 수 없었던 노동자들의 파업이 전국에서 터져 나왔습니다.

1904년 12월 카스피 연안의 석유 산업 도시 바쿠에서 노동자 5만 명이 파업을 했습니다. 12월 말에는 상트페테르부르크에서 가장 규모가 큰 금속 기계 공장인 푸틸로프 기관차 공장에서 가폰 조합원 노동자 4명이 해고당합니다. 이들은 가폰 신부와 논의를 거쳐 온건하게 몇 가지를 주장하고 있었죠. 노동자들은 이들의 복직을 요구하면서 파업을 키워 갔습니다.

1905년 1월 3일(러시아력)에는 푸틸로프의 전 노동자가 파업에 들어갔습니다. 1월 6일이 되자 러시아 전역으로 파업이 퍼집니다. 전국 382개 공장의 15만여 명이 파업에 동참했습니다. 가폰 신부와 노동자들은 논의 끝에 '존경하는 아버지 차르'에게 호소하는 시위를 하기로 했습니다. 가폰 신부는 노동자의 요구 사항을 담은 청원서를 작성했습니다. 그는 이 행진이 파국으로 치닫는 파업 사태를 막을 수 있다고 생각했습니다.

가폰 신부는 시위 내용을 미리 알리기 위해 니콜라이 2세에게 다음과 같은 비밀 편지를 보냈습니다.

폐하, 장관들을 믿지 마십시오. 그들은 사태의 진실을 속이고 있습니다. … 저는 노동자들을 이끌고 함께 겨울 궁전 앞으로 행진할 것입니다. 행진하는 목적은 차르께서 저희의 소박한 청원을 받아주실 것을 호소하기 위한 것입니다. …부디 노동자들을 만나서 청원을 들어주십시오. 그러면 노동자들은 차르를 향한 충성심이 변치 않을 것이며, 차르의 권위는 불가침으로 남을 것입니다.

니콜라이 2세는 가폰 신부의 편지를 놓고 각료 회의를 열었습니다. 하지만 이들의 요청을 받아들이자는 의견은 묵살되고, 오히려 병력을 투입해 이들을 진압하자는 결정을 내리지요. 니콜라이 2세는 1월 8일의 일기에 이렇게 적었습니다.

외곽의 군대를 불러 수비를 더 강화했다. 노동자들은 아직까지 조용하다. 저들의 수는 12만 명으로 추산된다. 노동조합의 우두머리는 일종의 사회주의자인 가폰 신부이다. 오늘 저녁 미르스키(내무부 장관)가 취해진 조치를 보고하기 위해 내방했다.

이러한 기록을 보면 니콜라이 2세가 밀정 역할을 한 가폰 신부의 정체와, 노동자들의 안전과 권익을 지키는 데는 전혀 관심이 없다는 걸 알 수 있습니다.

피의 일요일, 러시아 혁명의 불길이 타오르다

1905년 1월 9일(러시아력, 양력 1월 22일), 온 세상이 하얀 눈으로 덮인 일요일 아침에 가폰 신부는 노동자 14만여 명과 거리로 나섭니다. 가폰 신부는 성호를 그으며 차르에게 청원서를 내기 위한 평화 시위를 이끌었습니다. 그중에는 '병사여, 인민을 쏘지 말라'는 글을 든 사람도 있었고 "빵과 평화"를 외치는 사람도 있었습니다. 어떤 사람은 차르에게 '자비와 보호'를 간절히 요청하기도 했습니다. 그들이 준비한 청원서에는 어떤 내용이 있었을까요?

폐하, 저희 상트페테르부르크의 노동자는 힘이 없고 나이 든 부모, 아내, 자식들과 함께 정의와 보호를 찾아 폐하께 왔습니다.

저희는 가난하고 핍박 속에서 과도한 노동을 하며 경멸을 받습니다. 인간으로 취급받지도 못했습니다. 그저 이것을 운명으로 받아들이고 참아야 하는 노예로 살아가고 있습니다. 저희는 참아 왔습니다만, 이제는 빈곤과 무권리와 무지에 깊이 빠져서 전제 정치와 폭정에 의해 질식될 것 같습니다.

폐하, 우리에게 남은 힘이 없습니다. 우리는 인내의 한계에 도달했습니다. 견딜 수 없는 고통을 견디기보다 죽는 것이 더 나은 그 끔찍한 순간에 왔습니다. 저희는 일을 멈추고 고용주가 우리의 요구를 들어줄 때까지 직장에 복귀하지 않겠다고 선언했습니다.

우리는 많이 요구하지 않습니다. 삶이 힘들지 않고 영원히 고통이 없는 것을 원합니다. 우리의 첫 번째 요청은 고용주가 우리와 함께 우리의 필요 사항을 논의하는 것이었습니다. 그러나 그들은 이것을 거부했습니다. …

농민에게도 노동자에게도 …대표를 선출하고 또 모든 사람이 평등하게 선거권을 가지며 자유롭게 선거할 수 있도록 배려하여 주십시오. …이를 위한 헌법제정의회 선거는 보통, 직접, 비밀, 평등의 조건 아래에서 행해지도록 명해 주십시오.

청원서에는 다음과 같은 내용들이 실려 있습니다. 교회와 국가를 분리하는 등 '러시아 국민의 무지와 권리 부족에 대한 조치 6가지', 러일전쟁 종결을 비롯한 '빈곤 대책 4가지', 하루 8시간 근무와 초과근무 규정 등 '노동 대책 7가지'를 요청했습니다.

폐하, 인민들을 저버리지 마시옵소서. …(폐하가) 명령을 내리고 이러한 요구를 들어주겠다고 약속하시면 러시아를 행복하고 영광스럽게 만들 것이며, 폐하의 이름은 우리의 마음과 후손의 마음에 영원히 남을 것입니다.

그러나 명령을 내리지 않으시면, 우리의 기도에 응답하지 않으시면 우리는 폐하의 궁전 앞 광장에서 죽을 것입니다. 우리는 갈 곳도 없고 갈 이유도 없습니다. 우리에게는 자유와 행복으로 가는 길, 무덤으로 가는 길 두 가지만 있을 뿐입니다. 러시아의 고통을 위해 우리의 삶을 희생하고자 합니다. 우리는 그 희생을 후회하지 않고 마음을 다해 받아들일 것입니다.

피의 일요일, 경찰과 군인들이 민중 시위를 유혈 진압하다

그러나 차르 니콜라이 2세는 겨울 궁전에 없었습니다. 시위대를 기다리고 있는 것은 무장한 경찰과 군대뿐이었지요. 광장에 시위대가 들어서서 '신이시여. 차르를 구하소서'라는 찬송가를 부르기 시작했을 때였습니다. 미리 바리케이드를 치고 있던 경찰과 군대가 무자비하게 총을 쏘아 댔습니다. 노모를 모시고 나온 노동자도, 어린 아들의 손을 잡고 선 노동자의 젊은 아내도 총에 맞고 쓰러졌습니다. 광장에 쌓인 하얀 눈은 금세 핏물이 번져 붉게 물들었습니다.

공식 발표로는 발포로 사망한 사람이 92명이라고 했지만 실제로는 500명에서 1000여 명까지 추정되고 수천 명이 다쳤습니다. 이 사건을 "피의 일요일 사건"이라고 합니다.

이날 니콜라이 2세는 일기장에 이렇게 적었습니다.

고통스러운 하루! 상트페테르부르크에서 노동자들이 겨울 궁전으로 가려고 하다가 심각한 소요가 일어났다. 군대는 도시의 여러 곳에서 총격을 가해야 했다. 많은 사람들이 죽고 부상을 입었다. 신이시여, 얼마나 고통스럽고 슬픈 일입니까!

그는 일기에 자신의 안이한 처사로 일어난 일을 노동자들이 만든 사태로 써놓았습니다. 러시아를 대표하는 작곡가 드미트리 쇼스타코비치(1906~1975)는 아버지와 삼촌이 그날 시위 대열에 참여했던 것을 모토로 교향곡 11번을 작곡했습니다. 특히 2악장은 '블러디 선데이(Bloody Sunday)'로 부르며 음악으로 그날의 비극을 전했습니다.

한편, 총탄이 빗발치는 가운데 가폰 신부는 유대인 노동자 지도자 루텐베르크의 도움을 받아 평범한 남자의 옷으로 갈아입고 혁명가이자 작가인 막심 고리키(1868~1936)의 집으로 피했다가 해외로 탈출합니다. 그곳에서 가폰 신부는 니콜라스 2세를 맹렬히 비난하는 편지를 썼습니다. 편지 내용에서 당시 참혹한 상황과 노동자들의 처절한 심정을 잘 알 수 있습니다.

오! 영혼의 파괴자인 차르여, 노동자와 그 가족들의 순결한 피를 아는가? 흘려진 그 피는 영원히 왕실과 러시아 민중 사이를 가로막는 강이 될 것이다. …흘러야 할 그 모든 피가, 살인자여, 차르와 왕실 가족에게 흘러 떨어질 것이다.

이후 가폰 신부는 급진적인 사회주의자들의 정당인 '사회주의혁명당'과 손을 잡았습니다. 이 당에는 전설적인 사회주의 혁명가인 블라디미르 레닌(1870~1924)이 있었습니다. 1906년 가폰 신부는 비밀리에 상트페테르부르크로 귀국해 루텐베르크에게 자신이 사실은 경찰의 협력자였음을 밝힙니다.

루텐베르크는 이 사실을 사회주의혁명당에 보고했습니다. 일부 혁명가들이 정치적 입장이 다르다고 가폰을 죽일 수 없다고 주저했지만 급진적인 예브노 아제프(1869~1918)가 밀정은 "뱀처럼 죽여야 한다"며 처단에 나섭니다. 가폰은 결국 목이 졸려 죽음을 당했습니다. 더 어이없는 건 후에 예브노 아제프도 밀정으로 드러났다는 것입니다.

피의 일요일 사건을 겪으며 러시아 민중은 '우리는 더 이상 차르가 없다!'라고 단언하며 차르에게서 돌아섭니다. 이 사건이 있은 후 노동자들은 1월 한 달 동안만 전국 66개 도시에서 약 44만여 명이 참여하는 총파업에 들어갔습니다. 급기야는 전국 각지에서 군대와 무력 충돌이 일어나 러시아 혁명의 불길이 타오르게 됩니다.

러시아 혁명은 피의 일요일 사건으로 일어난 제1차 혁명과 1917년

1917년 10월 러시아 모스크바의 니콜스카야 거리에서 '공산주의'란 현수막을 내걸고 행진하고 있는 병사들

일어난 제2차 혁명으로 이루어집니다. 제2차 혁명이 케렌스키가 이끄는 임시 정부가 세워지는 2월 혁명과, 레닌의 볼셰비키가 승리하는 10월 혁명입니다. 러시아 황제로 군림했던 니콜라이 2세는 2월 혁명으로 퇴위를 당하고, 노동자와 농민의 세상이 된 10월 혁명 이후에는 연금 당하고 있던 민가에서 가족과 함께 총살형으로 비참하게 생을 마칩니다. 이와 함께 러시아 마지막 왕조인 로마노프 왕조는 영원히 역사의 뒤안길로 사라졌습니다.

흥선 대원군 납치 사건,
울분으로 사무친 편지를 쓰다

그동안 망극한 일을 어찌 만 리 밖 책상 앞에서 쓰는 간단한 글월로 말하겠습니까? 나는 다시 살아 돌아가지 못하고 만 리 밖 외로운 영혼이 되오니, 우리 집 후사야 양전(고종과 명성황후)께서 어련히 보아 주시겠습니까?

_흥선 대원군이 납치당한 톈진에서 보낸 편지

1973년 문학사상사는 세상 사람들을 깜짝 놀라게 하는 편지 5통을 공개했습니다. 그것은 흥선 대원군 이하응(李昰應, 1820~1898)이 100여 년 전에 쓴 친필 편지였습니다. 흥선 대원군은 부패한 세도 가문을 내치고, 재정을 위해 면세 특권을 누리던 서원을 철폐한 카리스마 넘치는 구한말 개혁가이며 비련의 정치가

흥선 대원군 이하응

이지요. 서원 철폐로 인해 유림은 그에게서 등을 돌리게 됩니다.

발견된 편지는 흥선 대원군이 남긴 한문 편지 2통과 한글 편지 3통입니다. 그것도 흥선 대원군이 청나라 톈진으로 납치를 당하는 상황에서 몰래 쓴 편지라는 점에서 놀라움을 금치 못합니다. 특히 흥선 대원군의 한글 편지는 처음 공개된 것이라 큰 관심을 모았지요.

섭정으로 권세의 주도권을 움켜쥐다

구한말 풍운아인 흥선군 이하응은 영민한 사람이었습니다. 당시는 날아가는 새도 떨어트릴 정도로 권세가 강한 세도가 안동 김씨들의 세상이었습니다. 그는 안동 김씨에게 지혜와 지도력을 갖춘 종친으

로 찍히면 목숨이 위태로워진다는 것을 알아차렸습니다. 그래서 의
도적으로 장안의 시정잡배와 어울리며 파락호(破落戶, 행세하는 집안
의 자손으로 허랑방탕하여 타락한 사람)처럼 행동하고 사고만 쳐서 '궁도
령'(궁에서 자라 세상 물정을 모르는 사람을 낮추어 부르는 말)으로 불리기
도 했습니다.

그러나 사실 그는 야심가였습니다. 흥선군은 한직을 전전하면서도
왕실의 가장 큰 어른인 조대비(익종으로 추숭된 효명세자의 비, 신정왕후
조씨)와 모종의 약속을 맺습니다. 자신의 수하인 이호준의 사위 조성
하가 조대비의 조카여서 그 연줄을 이용한 것입니다. 흥선군과 조대
비는 만약에 철종이 후사 없이 죽는다면 자신의 둘째 아들 명복을 익
종의 양자로 받아들여 대를 잇게 한다는 약속을 맺습니다.

1863년 철종이 숨을 거두고, '구름재'라 불린 운현궁에서 연을 날
리던 12살의 명복은 익종의 양자가 되어 하루아침에 왕위에 오릅니
다. 자연스럽게 흥선군 이하응은 어린 국왕의 아버지로 대신 나라를

서울 운현궁 전경　　　　　　　　　출처: 한국민족문화대백과사전 저자: 한국학중앙연구원·김지용

다스리게 되었습니다. 이후 흥선 대원군은 자신의 거처인 운현궁에 임금이 드나드는 '경근문'과 자신이 드나드는 '공근문'을 만들어 서슬 퍼런 권력을 휘둘렀습니다.

흥선 대원군은 정권을 손에 넣자마자 안동 김씨를 내쫓아 왕권을 키웠습니다. 백성을 위해 문란한 정치 기강을 바로잡았으며, 국가 재정을 늘리기 위해 노력했습니다. 황현이 지은 『매천야록』에 의하면 이때 그는 공식 석상에서 이런 말을 했다고 합니다.

"나는 천리를 끌어다 지척을 삼고, 태산을 깎아내려 평지를 만들고, 또 남대문을 3층으로 높이려 하는데 제공(諸公, 여러 대신을 뜻함)은 어떠시오?"

여기의 '천리'란 종친을 말하고, '태산'이란 노론을 의미하며 '남대문'이란 남인을 중용하겠다는 의미입니다. 세도 정치 시기에 안동 김씨는 왕의 일가친척인 종친과 남인을 정치에서 철저히 배제하고 권

프랑스 종군 화가였던 앙리 쥐베르(Henri Zuber)가 그린 '병인양요'

가덕도 척화비 부산광역시 기념물
제35호   출처: 문화재청

력을 독점했습니다. 대원군은 이것을 바로잡아 안동 김씨의 권력을 빼앗고 소외받았던 계층의 인재를 뽑아 쓰겠다는 것입니다.

한편 대원군의 대표적인 정책에는 '통상 수교 거부 정책'이 있습니다. 나라의 문을 닫고 외국과 수교를 하지 않는 것이지요. 이 정책을 펼친 결과로 서양 세력에게 공격을 받게 됩니다. 프랑스와 병인양요를, 미국과는 신미양요를 치르게 되지요. 그런 와중에도 대원군은 척화비를 세우며 민족의 자존심을 내세웠습니다.

그런 대원군이 무리하게 경복궁을 다시 짓느라 백성들의 원성을 사고, 경제 혼란을 초래하고 맙니다. 그로 인해 명성황후의 친정 세력인 민씨 세력에게 탄핵당하고, 유림의 대표인 면암 최익현 선생이 올린 상소로 집권 10년 만에 권좌에서 물러납니다.

걸어 잠긴 공근문을 보며 운현궁에서 와신상담하던 흥선 대원군에게 1882년 드디어 서광이 비칩니다. 1882년 6월 구식 군인들이 폭동을 일으킨 '임오군란'이 일어난 것입니다. 당시 조선 정부는 청에 젊은이 38명을 보내어 근대 무기 기술을 배워 오게 하는 한편, 양반 자제 200명을 선발해 신식 군대인 별기군을 만들고 일본 교관을 데려와 신식 군사 훈련을 배우게 하는 등 개화 정책에 돈을 물 쓰듯 퍼붓고 있었습니다. 여기에 민씨 세력이 권력을 이용해 옳지 못한 방법으로 재물을 모으고 있어서 국고는 텅텅 비어 갔습니다.

무위영에 속해 있던 구식 구인들은 무려 13개월 동안 급여를 받지 못하고 있었습니다. 그러다가 전라도에서 세곡(조세로 걷은 곡식)을 실은 배가 도착하자 드디어 1달치 밀린 급여를 받게 되었습니다. 그런데 급여로 받은 세곡의 양은 반 이상 부족한데다가 겨와 모래가 섞여 있었습니다. 이에 포수 김춘영·유복만 등이 격렬하게 항의했으나, 오히려 선혜청 당상관인 민겸호가 이들을 가두고 모진 고문을 가한후 처형시키기로 했습니다.

이 소식을 들은 구식 군인들은 통문을 돌려 대대적으로 들고 일어납니다. 군인들은 민겸호의 집을 습격하고 운현궁을 찾아가 대원군에게 도움을 청했습니다. 대원군이 구식 군인들과 어떤 대화를 했는지 알려지지 않았지만, 이후 구식 군인들은 일사불란하게 움직이기 시작합니다. 군인들은 경기 감영의 무기고를 습격하고, 일본 공사관을 공격해 일본인들이 인천으로 탈출했습니다.

작은 배로 탈출하는 일본 공사관원 1882년

또 군인들은 창덕궁으로 난입하여 궁궐에 피신한 민겸호 등을 죽이고 왕비를 찾는 난동을 일으켰습니다. 당시 명성황후는 무예별감 홍재희의 도움을 받아 궁녀 복장을 하고 충주 장호원 민응식의 집으로 몸을 피했습니다.

사태를 수습하기 위해 고종은 구식 군인들과 소통하는 대원군을 불러들였습니다. 대원군은 회심의 미소를 지으며 다시 집권했습니다. 옛 제도를 복구했고, 궁을 빠져나가 생사조차 알 길 없는 왕비를 찾기는커녕 중전이 죽었다면서 국상까지 치렀습니다.

한편 황급히 일본 공사관을 탈출한 하나부사는 다시 1,500명의 병력을 이끌고 조선에 들어왔습니다. 그리고는 도저히 수긍하기 어려운 조건을 내놓으며 3일 안에 답을 내놓으라고 으름장을 놓았습니다. 그 조건이란 조선 정부의 사죄를 받고, 폭도들을 징벌하는 것은 물론 살해당한 일본인에 대해 보상하고 일본 공사관을 지키는 병력을 파견하며 일본군의 출병 비용을 조선 정부가 내는 것이었습니다. 특히 거제도 혹은 송도를 일본에 넘겨 달라는 등 정말 말도 되지 않은 내용들이었습니다.

33일 천하의 막을 내리다, 대원군 납치 사건

대원군이 다시 집권하자 청나라에서 외교 문제를 책임지던 북양대신의 서리인 장수성은 조선에 일어난 사태를 파악하기 위해 북양수사제독 정여창과 국제법에 밝은 마건충에게 군함 3척을 주어 조선에

가보게 했습니다. 원래 북양대신은 리홍
장이었지만, 당시 리홍장은 모친상으로
고향에 있었습니다.

마건충

이들은 월미도에 도착해 친청파이며
민씨 세력인 영선사(領選使) 김윤식과
문의관(問議官) 어윤중의 의견을 들었
지요. 이때 김윤식과 어윤중은 하나같이
대원군이 군란의 주모자이며 하루빨리
난을 진압해야 한다고 보고했습니다.

마건충은 "6영의 육군을 보내 번개처럼 서울을 손 안에 넣고 역당
의 괴수를 엄습하여 붙잡는다"는 내용의 보고서를 작성해 청으로 보
냅니다. 그리고 7월 7일 광저우 수사 제독 오장경과 정여창이 청군
3천 명을 거느리고 남양만 마산포에 입항했습니다. 7월 12일 밤, 오
장경, 정여창, 마건충은 머리를 맞대고 대원군의 납치 방법을 꾀했습
니다. 대원군의 납치 계획과 그 과정은 마건충이 남긴 『동행삼록(東
行三錄)』에 상세히 적혀 있습니다.

7월 13일 정오 무렵, 이들은 먼저 대원군에게 인사를 하러 운현궁
을 방문합니다. 그리고 마건충이 필담으로 군사 업무에 대해 의논할
일이 있으니 오장경의 군영까지 찾아와 달라고 요청했습니다. 대원군
은 흔쾌히 승낙했고 오후 4시 남대문 밖에 머문 청의 군영을 방문했습
니다.

마건충은 필담으로 대원군에게 이렇게 물었습니다.

"조선의 국왕은 청국의 황제가 책봉한다는 사실을 알고 있는가?"

대원군은 알고 있다고 답했습니다. 그러자 마건충은 이렇게 말합니다.

"그대는 6월 9일 사변을 일으켜 정권을 잡아 반대자를 살해하고 황제가 책봉한 국왕을 밀어냈다. 그리고 도당을 이끌고 궁성에 침입했다. 이는 국왕을 기만한 것이고 황제를 무시한 것이므로 그 죄는 용서할 수 없다. 속히 마산포로 가서 군함을 타고 톈진에 다다른 뒤 조정의 조치를 기다리라."

그런 다음 마건충은 군막을 나가 미리 준비한 보교에 대원군을 태우고 그 길로 남양만 마산항까지 가서 청의 군함에 태웠습니다.

이렇게 해서 조선 국왕의 아버지요, 만백성이 우러러보는 일국의 통치자를 거짓말로 속여 군영으로 불러들인 후 납치해 버린 것입니다. 이날로 대원군의 재집권은 끝이 납니다. 6월 14일부터 7월 13일(음력)까지 단 33일로 막을 내리게 됩니다. 대원군을 납치한 후 오장경 등은 조선의 민심을 달래기 위해 효유문을 발표했습니다. 효유문은 백성들을 타이를 때 발표하는 글입니다. 조선이 청의 속국이기 때문에 청이 이 일에 개입했다며 적은 글을 한 번 살펴보겠습니다.

조선은 중국의 속국으로서 본래부터 예의를 지켜왔다. …마침내 올해 6월의 변고가 있었다. …지난번 이 변고가 황제께 보고되자 황제께서는 장수들에게 명해 군사를 파견하였다. 먼저 대원군을 중국에 들어오게 하여 일의 진상을 직접 물으신다고 하셨고… 이에 북양수군을 통솔하는 정 제독이 잠시 대원군과 함께 바다를 건너서 황제께서 계신 곳으로 가는 것이다. …우리 대황제께서 참작해서 알맞게 잘 처리하실 것이요, 너희 대원군에게는 반드시 대단한 추궁을 하지는 않으실 것이다.

_『고종실록』, 고종 19년 7월 13일 정유 2번째 기사

문학사상사에서 발굴한 흥선 대원군의 편지 5통 중 한문 편지 1통은 대원군이 장남 이재면에게 쓴 편지입니다. 톈진으로 가는 배 안에서 감시의 눈을 피해 몰래 쓴 것입니다. 이 편지에는 아버지의 납치 소식을 듣고 어찌할 바를 모를 아들을 위해 침착하라는 아버지다운 위로가 담겨 있습니다.

내일 아침에 출발하면 이틀 만에 천진에 도착하게 된다. 왕복에 7~8일을 허비하리라 한다. 이 배에서 모두가 태공(대원군을 말함)이 천조(청 조정)에 들어가는 것이 크게 다행이라고 말한다. 총총히 써서 숨겨 두고 전하는 인편을 기다려 부칠 생각이니, 동하지 말고 안정하라.

대원군은 톈진에 도착해서 또 한 통의 편지를 씁니다. 7월 20일에 쓴 것인데 문학사상사의 자료 조사 연구실이 추적한 바에 따르면 7월 20일은 장남 이재면의 생일이었다고 합니다. 편지에도 '오늘이 네 생일인데…'라고 적었고 곧 톈진 외곽에 있는 보정부로 거처를 옮겨 간다고 전합니다.

한편 한글 편지 3통 중 10월 12일에 쓴 편지는 겉봉에 '뎐 마누라 젼(前)'이라고 적혀 있습니다. 이 편지는 대원군 부인인 여흥 부대부

1883년 톈진 보정부에서의 흥선 대원군 모습

인 민씨에게 보내는 편지로 알려졌으나 2012년 이종덕 한국학중앙연구원 전임연구원은 며느리에게 보내는 편지라고 달리 해석했습니다. 즉 마누라는 '아내'가 아닌 '지체 높은 사람의 부인'을 나타내는 말이며 '뎐'은 '어전'하듯이 궁궐을 나타내는 말로, 이 편지는 아내가 아니라 며느리인 명성황후에게 보내는 편지라는 주장입니다. 그 근거로 임오군란에서 충주 장호원에 피신했던 명성황후가 하늘이 도와 궁궐로 돌아갔다는 내용이 적혀 있다고 지적합니다.

톈진에 유폐되던 시절에 흥선 대원군이 쓴 한글 친필 편지를 살펴보겠습니다.

그 사이 망극한 일을 어찌 만 리 밖에서 눈앞의 짧은 편지로 말할 수 있겠습니까.
마누라께서는 하늘이 도우셔서 돌아가셨으니
나야 어찌 살아서 돌아가기를 바라오니까. …
상감과 자전의 안부 모두 태평하시고, 동궁마마 내외 편안히 지내시기를 두 손 모아 비옵니다.

나는 다시 살아서 돌아가지 못하고 만 리 밖 외로운 영혼이 되오니, 우리 집 후사야 양전(고종과 명성황후)께서 어련히 보아 주시겠습니까. …

다시 뵙지도 못하고 살아갈 날이 오래 남아 있지 않을 것 같으니 지필(종이와 붓)을 대함에 한심하옵니다.

내내 태평히 지내기를 바라옵니다.

이 편지 속 '그 사이 망극한 일'이란 어떤 일을 말할까요? 이에 대해 흥선 대원군이 톈진에 도착한 직후의 행적은 대원군이 초서로 쓴 『대원군천진왕환일기(大院君天津往還日記)』에 세세히 적혀 있습니다. 또한 『석파 일기』에도 같은 내용이 나옵니다. '석파'는 대원군의 호입니다.

그럼, 일기 내용을 보겠습니다.

1882년 7월 19일

밤중에 천진(天津, 톈진)에 도착하였다. 천리 길을 혼자 온 것이다. …도착했을 때 나는 뱃멀미로 기운이 빠져 혀가 말려들고 기운이 없어 앉지도 눕지도 못하였다.

62세로 환갑이 지난 대원군이 수행원도 없이 혼자 6일을 항해했습니다. 이렇게 뱃멀미가 심했는데도 청나라 관헌들은 도착하자마자 대원군을 연회 자리에 오게 합니다. 새벽이 되고 닭이 울고 나서야 연회가 끝나 방에 홀로 남은 대원군은 어떤 심정이었을까요?

모두 흩어져 아무도 없는데 나 홀로 앉아 병으로 끙끙 앓았다. 약은 고사하고 한 모금 물을 주는 이가 없었다. 서러워 흐느끼니 눈물이 쏟아졌다.

대원군이 톈진에 왔다는 소식을 듣고, 통역관이자 추사 김정희의 제자인 최성학이 대원군을 서둘러 찾아왔습니다. 최성학은 대원군에게 어이 되신 일이냐고 거듭 물으며 눈물을 흘렸습니다. 헝클어진 머리에 노쇠한 대원군은 최성학을 반갑게 맞이한 후 그 자리에서 쓰러집니다. 고국을 떠난 지 이레 만에 대원군은 비로소 최성학의 수발을 받을 수 있었습니다.

이때 최성학이 옷을 가지고 와서 나는 비로소 머리를 빗고 얼굴을 씻고 땀에 절은 옷을 갈아입고 또 요강을 얻어서 오줌을 누고 나니 어느덧 호남자(好男子)가 되었다. 우습기도 하다.

이후 기운을 차린 대원군은 북양대신 리훙장을 만나 자신이 임오군란 주동자가 아니라고 밝히며 당당히 대화했습니다. 또한 조선 백성의 숭앙을 받는 국태공의 면모를 잊지 않았습니다. 다음 한글 편지에서도 그 면모를 엿볼 수 있습니다.

천진에서 안치 공문(유폐시킨다는 공문)을 보았다. 그 지시에 따라 보정부로 향할 것인데, 언제가 될지는 예측하기 어렵다. 어느 곳에 가든지 내 마음에는 번뇌가 없다. 집안일과 자식 교육은 조금도 소홀히 하지 말라.

　그렇다면 고종은 대원군의 안위를 어느 정도 걱정하고 있었을까요? 고종은 김윤식에게 대원군의 안부를 묻고 마건상을 면담하면서 슬쩍 대원군의 안부를 물었습니다. 대원군의 납치 주동자인 마건충의 형인 그는 능청맞게 고종의 물음에 태연히 답했습니다.

　"국태공(國太公, 대원군을 말함)의 소식을 혹 들으셨소?" 하니,
　마건상이 아뢰기를,
　"평안하시다고 듣고 있습니다. 근래에는 심능호 대인과 함께 보정부에 머물고 계시는데 기력이 좋으시다고 합니다." 하였다.

_『승정원일기』, 고종 19년 11월 17일 기사

　허나 이 말은 사실이 아니었습니다. 톈진의 보정부에서 대원군은 울분을 삭히며, 추사 김정희의 제자답게 원숙한 솜씨로 난을 치거나 화초를 가꾸는 소일로 일상을 보냈으나 생활은 곤궁하기 이를 데 없었습니다.

　2001년 조선일보가 문학사상사에 이어 발굴한 10통의 편지에서 이 톈진 유폐 생활의 면면이 드러납니다. 고작 가로 7~11cm, 세로 22~25cm의 한지에 썼으며 분홍색 종이에 날아가는 초서체로 쓴 쪽지 편지임을 보았을 때 대원군에게 한지 등 물품이 풍부하지 않았음을 알 수 있습니다.

　그중 몇 통은 뒷면까지 깨알같이 글씨를 적었고 어떤 편지들은

2cm정도가 될 때까지 접고 또 접어서 비밀리에 보내려고 한 흔적을 엿보입니다. 또한 갈아입을 옷도 없이 황급히 납치되었던 터라 물품을 보내 달라는 내용이 나옵니다.

내 망건 하나와 평소에 쓰는 망건 네댓 개를 사서 보내고, 간장도 많이 보내거라.

일국의 통치자로 대저택에서 수많은 하인의 수발을 받으며 살던 대원군이 머리에 쓸 망건 하나, 입에 맞는 간장도 넉넉지 못해 구해 달라고 쓴 것입니다. 배고픔을 참을 길이 없다는 내용도 있습니다.

내 나이 칠십에 긴 밤을 당해 음식을 생각하는 마음이 간절했다. 하물며 팔십을 바라보는 때에 있어서랴. 낙죽(우유죽) 한 그릇밖에 없구나.

이 글을 전하면서 나라의 국력이 얼마나 중요한지를 느끼게 됩니다. 종주국이라는 이름으로 국왕의 아버지가 남의 나라에 붙들려 가서 가족들과 생이별을 한 채 초라한 생활을 하는 모습이 참으로 안타깝습니다.

1885년 9월, 청으로 납치된 흥선 대원군은 톈진에 유폐된 지 3년 2개월 만에 돌아올 수 있었습니다. 조선의 군사 고문인 위안스카이가 러시아와 가까이 지내려는 명성황후를 견제할 사람은 흥선 대원군뿐이라는 의견을 내었기 때문입니다.

귀국한 흥선 대원군은 명성황후와 민씨에 대한 미운 감정에 등을 돌렸고 갑오개혁 때 일본에 의해 화려하게 정계에 복귀하여 명성황후와 민씨 세력을 내몰았습니다. 그러나 옛것을 고수하려는 흥선 대원군이 전면적인 근대 개혁에 반기를 들자 일본은 이용 가치가 떨어진다고 생각해 대원군을 물러나게 합니다. 그가 권력을 다시 잡은 기간은 채 1년이 되지 못했습니다.

뜨겁게 삶을 불태운

역사 속 인물들이

최후에 남긴 편지들

그들은

죽음 직전에

무엇을 적었을까?

Part 02

"나는 이제 막 선고를 받았습니다."
역사상 가장 오해를 많이 받은 왕비의
마지막 편지

안녕, 다정한 아가씨. 이 편지를 받을 수 있기를 바랍니다.
언제나 나를 생각해 주세요. 가여운 아이들과 당신을 온 마
음을 다해서 포옹합니다. 오, 하느님! 이들과 영원히 헤어져
야 하는 일은 얼마나 가슴 아픈 일인지요! 안녕히, 안녕히!

_마리 앙투아네트가 단두대에 오르기 전, 시누이에게 마지막으로 쓴 편지

1793년 10월 16일

마리 앙투아네트

프랑스 루이 16세의 왕비 마리 앙투아네트(Marie Antoinette, 1755~1793)가 프랑스 파리에서 단두대로 처형되었습니다. 이 편지는 사형이 집행되는 날 새벽, 잠을 이루지 못한 마리 앙투아네트가 생애 마지막으로 쓴 편지입니다. 새벽 4시 반경, 마리 앙투아네트는 눈물로 범벅이 된 채 루이 16세의 막내 여동생인 엘리자베스 공주(1764~1794)에게 편지를 썼습니다.

사랑하는 아가씨, 이것이 당신에게 보내는 마지막 편지입니다. 나는 이제 막 선고를 받았습니다. 범죄자들에게 행해지는 불명예스러운 죽음을 선고받은 것이 아니라 당신의 오빠를 다시 만나 볼 수 있는 선고입니다. 그분이 결백하듯이 나 또한 결백하며 나도 최후의 순간에는 그분처럼 의연한 모습을 보이고 싶습니다. 양심의 가책을 느낄 것이 없는 사람이 그렇듯이 나는 지극히 평온합니다.

마리 앙투아네트는 이틀 전인 10월 14일 혁명 재판소에서 사형 선고를 받았습니다. 남편 루이 16세(1754~1793)는 로베스피에르(1758~1794)가 이끄는 국민 공회의 혁명 정부에 의해 마리 앙투아네

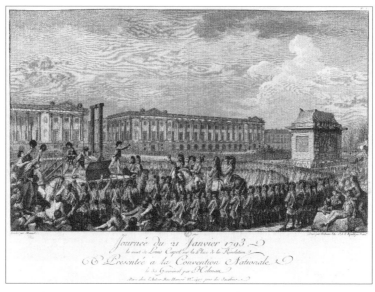

루이 16세의 처형 (1793년 1월 21일)

트보다 9개월 앞선 1793년 1월 21일에 사형을 당했습니다.

　루이 16세는 레볼루션 광장에서 공개 처형당하기 직전에 군중을 향해 당당한 태도로 이렇게 외쳤습니다. "국민들이여, 나는 죄가 없이 죽는다!" 그리고 사형 집행인과 조수를 향해서는 이렇게 말했습니다.

　"나는 고발된 모든 죄목으로부터 결백하다. 내 피가 프랑스 국민의 행복을 견고하게 해주기를 희망한다."

　군중들은 루이 16세의 머리가 잘려 나가고 피가 처형장에 낭자하게 흐를 때 환호하면서 서로 앞다투어 루이 16세의 핏방울을 받아 기념으로 간직하는 진풍경을 보였습니다. 마리 앙투아네트는 사형장에 서서도 두려움 없이 자신의 결백을 당당하게 주장한 루이 16세처럼 생을 마치겠다는 뜻을 편지에 전했습니다.

사랑스러웠던 소녀가 최악의 왕비로 평가받기까지

프랑스는 절대 권력으로 통치한 국왕과 왕비를 국민의 이름으로 모두 단두대로 처형시키는 급진적인 혁명을 이루어 냈습니다. 그러나 루이 16세와 마리 앙투아네트는 시대를 읽지 못한 국왕과 생각이 깊지 못한 왕비였을 뿐, 목이 잘려 나갈 정도로 폭군과 희대의 악녀는 아니었습니다. 마리 앙투아네트는 보석과 새 옷을 좋아하고 카드 도박, 연극, 춤, 무도회를 즐겼지만, 역대 왕비와 비교해 특별히 더 사치스러운 것은 아니었습니다. 당시 프랑스의 경제 파탄은 무리하게 미국의 독립 전쟁을 지원하고 베르사유 궁전 축조를 비롯한 역대 왕조의 재정 낭비에서 비롯된 것입니다. 허나 공격의 화살은 '다이아몬드 목걸이 사건'을 계기로 왕비에게 집중되었습니다.

마리 앙투아네트는 오스트리아 신성로마제국 합스부르크 왕가의 프란츠 1세 황제(1708~1765)와 합스부르크 왕가의 여왕 마리아 테레지아(1717~1780) 사이에서 난 16명의 아이들 중 막내딸로 태어났습니다. 프랑스로 오기 전 그녀의 이름은 '마리아 안토니아 요제파 요한나'였습니다. 마리아는 어릴 때부터 명랑하고 애교가 넘쳤으며 머리도 좋은 편이었습니다. 하지만 요리조리 구실을 만들어 수업 시간을 빼먹을 정도로 학업에는 관심이 없고 놀기를 좋아했습니다.

프란츠 1세가 눈을 감은 후, 마리아 테레지아는 오랜 세월 적대국이었던 프랑스와 정략결혼을 맺기로 합니다. 즉 마리아와 루이 15세(1710~1774)의 손자이자 왕세자인 루이 오귀스트를 결혼시키기로 한 것입니다. 바로 신생 강국인 프로이센을 견제하기 위해서였지요.

1770년 5월 마리아는 오스트리아의 국경을 넘어 라인강의 한 섬에 도착했습니다. 그곳에서 관례에 따라 오스트리아에서 입고 온 모든 옷가지를 벗고 프랑스 수행원들이 가져온 프랑스 왕세자비 복장으로 갈아입었습니다. 또한 마리아란 이름을 버리고 프랑스식으로 마리 앙투아네트가 되었지요. 하지만 프랑스 국민들은 그녀를 국모로 생각해 주지 않았습니다. 당시 프랑스 국민들은 유럽의 패권을 놓고 치열하게 다투던 오스트리아에 대한 적개심이 높았습니다. 그러다 보니 마리 앙투아네트에 대한 눈길도 곱지 않았습니다.

오스트리아에서 온 왕세자비와 관련한 온갖 사악한 헛소문이 퍼져 나갔습니다. 원래는 루이 16세의 고모 아델라이드가 조카며느리인 마리 앙투아네트를 밉게 보아 부르던 호칭인 '오스트리아 계집(L' Autrichienne)'이라는 말을 국민들도 암암리에 썼지요. 혹은 프랑스의 기밀을 빼내 오스트리아로 넘겨준다는 의미로 '오스트리아의 암캐'라고 부르기도 했습니다.

1770년 5월 16일 루이 16세와 마리 앙투아네트는 베르사유 궁전에서 '마리 앙투아네트 찬가'가 울려 퍼지는 가운데 화려하게 결혼식을 올렸습니다. 이때 루이 16세가 고작 15세, 마리는 14세였습니다.

마리 앙투와네트의 남편인 루이 오귀스트는 마리에게 별 관심이 없었습니다. 하루 종일 사람들에 둘러싸여 놀이와 도박을 즐기는 마리 앙투아네트에 비해 그는 정적이며 사색을 좋아했고 사냥이나 자물쇠 만들기에만 열중했습니다. 또 남성 기능에 문제가 있었는데도 치료를 하지 않고 방치해 부부 사이에는 장장 7년 동안 아이가 없었습니다. 그러다가 루이 15세가 천연두로 세상을 떠난 후 갑자기 왕위를 잇게 됩니다. 왕이 되어 비로소 후사 문제가 대두되자 루이 16세는 상담과 치료를 받아 정상적인 성생활을 하게 되었습니다.

다이아몬드 목걸이 사건, 프랑스 혁명의 신호탄이 되다

그동안 마리 앙투아네트는 궁정 무도회를 자주 열고 오페라 극장을 드나들면서 의복과 머리 장식, 보석 등 사치스러운 장식을 사들이느라 돈을 물 쓰듯이 썼습니다. 그녀가 산 의상은 한 벌에 무려 6천 리브르(livre)나 되었습니다. 마리 앙투아네트가 쓰는 돈은 60만 리브르에서 시작해 400만 리브르까지 치솟았습니다. 국민들은 그녀를 '적자 부인(Madame deficit)'이라고 불렀습니다. 국가 재정을 적자로 만든 장본인이라는 것입니다.

또한 그녀는 루이 16세가 선물한 별궁인 프티 트리아농(Petit Trianon)에서 자신이 신임하는 사람들만을 불러 파티와 도박을 즐겼습니다. 루이 16세도 마리의 허락을 받아야 이곳에 들어갈 수 있었지요. 이곳에서 비밀스러운 궁정 정치가 이루어진다는 소문이 났습니다. 그녀는 이 별궁 부근을 영국식 정원으로 만들었습니다. 자연을 벗하며 즐길 농가 주택을 12채 지어 그 주변을 일반인은 접근할 수 없는 농가 마을로 만들었지요. 그 막대한 개조 비용 역시 국고에서 나왔습니다.

마리 앙투아네트의 사치를 잘 알려 주는 사건이 바로 1785년에 일어난 '다이아몬드 목걸이 사건'입니다. 이 목걸이는 160만 리브르에

다이아몬드 목걸이 사건의 목걸이
© Château de Breteuil, 이 목걸이
는 현재 전하지 않습니다. 라모트
백작 부인은 이 목걸이를 빼돌려 런
던에서 모두 분해한 후 분해된 다이
아몬드를 팔아 버렸습니다

달했습니다. 다이아몬드가 총 674개나 들어간 2,842캐럿짜리 목걸이였습니다.

이 사건은 로앙 추기경(1734~1803)이 어두컴컴한 베르샤유 정원에서 왕비를 알현한 것에서 시작됩니다. 그러나 이날 추기경이 만난 이는 왕비가 아니라 왕비로 위장한 창녀였습니다. 그것도 모르고 추기경은 위장한 그녀를 왕비로 착각합니다.

모든 것이 목걸이를 차지하기 위한 사기극인지도 모르고, 추기경은 왕비의 대리인이라면서 왕비 서명이 든 편지를 보여 준 라모트 백작 부인에게 자신이 보증을 서서 구입한 목걸이를 넘겨줍니다. 마리 앙투아네트의 환심을 사고자 목걸이를 왕비에게 전해 달라고 말이지요. 목걸이를 판 보석상은 추기경이 낸 수표 외의 금액은 왕실에서 받을 거라 생각해 왕실에 나머지 대금을 청구했습니다. 그러면서 이 사기 사건이 만천하에 드러났습니다. 물론 마리 앙투아네트는 전혀 이 사기 사건과 관련이 없었습니다.

이 희대의 사기 사건은 1년을 끌며 재판하게 됩니다. 그동안 마리 앙투아네트에 대한 각종 비방과 부풀려진 소문, 출처가 불분명한 인쇄물이 걷잡을 수 없이 퍼져 나갑니다. 로앙 추기경과의 염문설까지 돌면서 왕비의 이미지와 여론이 몹시 나빠졌습니다. 대문호 괴테는 이 '다이아몬드 목걸이 사건'에서 프랑스 혁명이 시작되었다고 평가했습니다.

마리 앙투아네트는 1778년 12월 19일에 첫 아이를 낳습니다. 프랑스의 전통에 따라 수많은 사람들이 베르사유 궁전으로 들어와 왕비가 산통을 겪는 모습은 물론 아기를 낳는 모습을 지켜보는 진풍경이 일어났습니다. 여성으로서는 수치스럽고 경악스러운 경험이지만 프랑스인들은 아무렇지도 않게 출산 광경을 엿보며 열광했습니다. 이렇게 낳은 첫 아이는 공주였습니다.

3년이 흘러 1781년에 왕위를 이을 첫 왕자가 태어났습니다. 그러나 왕자는 1789년 6월 4일에 병에 걸려 세상을 떠나고 말았습니다. 그때는 루이 16세가 1789년 5월 5일 재정 파탄을 해결하기 위해 삼부회를 소집하고 제3신분인 시민과 노동자들의 표결 방법을 놓고 한창 줄다리기를 하는 시점이었습니다. 아들을 잃은 슬픔에 잠긴 마리 앙투아네트 앞에 거대한 혁명의 파도가 몰려오기 시작했습니다.

결국 제3신분의 표결이 해결되지 않고 제3신분들은 스스로 국민의회를 결성합니다. 1789년 7월 4일 시민들은 바스티유 감옥을 습격하고 8월에는 인권 선언이 발표됩니다. 그 가을부터 심한 가뭄이 들어 빵값이 폭등하고 맙니다. 치솟는 물가에 견디다 못한 여성들이 10월 5일 마리 앙투아네트가 머무는 베르사유 궁전으로 행진했습니다. 그들은 궁전에 쳐들어와 루이 16세와 마리 앙투아네트를 파리로 데려갔습니다. 그리고 튈르리 궁전(Palais des Tuileries)에 연금시켜 버렸습니다.

이때부터 혁명에 불을 붙이려는 선동가들은 마리 앙투아네트가

바스티유 감옥 습격
(1789년 7월 14일)

베르사유 여성 행진
(1789년 10월 5일)

"빵이 없으면 케이크를 먹으면 되지 않느냐!(S'ils n'ont pas de pain,
Qu'ils mangent de la brioche! 영어권에서 케이크로 번역된 '브리오쉬'는
프랑스 상류층이 먹는 고급 빵임)"고 말했다고 퍼뜨립니다. 사실 이 말
은 프랑스 혁명의 불길을 당긴 계몽 사상가 장 자크 루소(1712~1778)
의 저서『고백록』(1769년)에서 어느 왕비가 한 말이라고 인용한 데서
시작된 말입니다. 그러나 1769년은 마리 앙투아네트가 결혼하기 전
이어서 오스트리아에 머물 때이므로 이 말은 마리 앙투아네트가 한

말이 아닙니다.

　오히려 그녀는 다른 사람들을 배려하는 따뜻한 마음을 가졌습니다. 농민들이 애써 경작해 놓은 밭을 망치지 않도록 마차도 비켜서 달리도록 했습니다. 루이 16세가 사냥하다 쏜 화살에 농민이 맞자 직접 달려가 치료해 주려고 애썼습니다. 단두대에 올라가서 실수로 처형인의 발을 밟았을 때는 죽기 직전인 상황에서도 "미안합니다. 고의는 아니었어요."라고 사과할 정도로 상냥한 인품이었습니다.

　하지만 마리 앙투아네트가 억울하게 오해만 받았다고는 볼 수 없습니다. 한 나라의 왕비로서 사치스럽게 생활한 것은 사실이며, 사생활도 나무랄 점이 없지 않았습니다. 세 아이의 어머니인 그녀에게 연인이 있었기 때문입니다. 그녀의 연인은 스웨덴 명문 가문 출신 악셀

바렌에서 발각되어 망연자실한 루이 16세와 왕비 가족들(6월 21일)

폰 페르센 백작(1755~1810)이었습니다. 철두철미한 왕정주의자이던 페르센 백작은 1791년 6월 루이 16세와 마리 앙투아네트가 프랑스를 버리고 오스트리아로 탈출을 시도했을 때 그 계획을 총지휘한 장본인입니다. 그때 프랑스는 급진적인 공화정으로 치닫는 상황이었습니다. 페르센은 혁명군에게서 연인을 구해내려고 했지만, 파리에서 빠져나온 루이 16세 일가는 바렌에서 그만 발각되고 맙니다. 혁명군에 붙잡힌 루이 16세와 마리 앙투아네트는 파리로 압송되지요.

1792년 오스트리아가 앞장선 프랑스 혁명 전쟁이 일어나자 과격한 시민들은 파리 코뮌(La Commune de Paris, 자치 정부)을 세웁니다. 그리고 루이 16세와 마리 앙투아네트를 튈르리 궁전에서 끌고 나와 탕플 탑에 가두었습니다.

살아남은 아이들에 대한 걱정을 편지에 남겨 두고

혁명은 하루가 다르게 과격해졌습니다. 드디어 국민공회는 1792년 9월 21일 군주제를 폐지하고 공화국을 선포했습니다. 1793년 1월 루이 16세의 처형에 이어 10월 14일 마리 앙투아네트 역시 사형을 선고받습니다. 국가 기밀을 친정인 오스트리아에 넘긴 죄를 비롯해, 후에 탕플 감옥에서 결핵으로 숨지는 아들 루이 17세(1785~1795)를 근친상간으로 성추행했다는 추악한 성범죄까지 뒤집어썼습니다. 당시 공안 위원회를 이끌던 로베스피에르는 마리 앙투아네트가 "만족할 줄 모르는 자궁의 충동을 갖고 있다"는 치욕스러운 말로 그녀를 절망에 빠트렸습니다.

마리 앙투아네트가 죽기 8시간 전에 쓴 편지를 읽으면 그녀가 얼마나 아이들을 사랑하고 걱정하는지를 알 수 있습니다. 그녀는 죽음을 앞두고 손아래 시누이에게 아이들을 부탁하기 위해 펜을 들었습니다.

사형대에 오른 마리 앙투아네트

불쌍한 아이들을 남기고 가는 것이 정말이지 마음에 걸립니다. 아가씨도 알다시피 나는 아이들만을 위해서 살아왔습니다. 나는 재판 과정에서 딸이 아가씨와 헤어졌다는 것을 처음 알았습니다. 아, 불쌍한 아이! 그 아이한테는 편지를 쓰지 않으려고 합니다. 쓰더라도 받아 보지 못할 것 같기 때문입니다. 이 편지도 아가씨에게 전해질지 모르겠습니다. 그 아이들에게 나의 이 편지에 보내는 축복을 전해 주세요.

마리 앙투아네트는 엘리자베스 공주가 자신이 죽은 다음에도 살아남아 부모를 잃은 불쌍한 조카들을 돌보아 주리라 생각했습니다. 하여 편지 구절마다 시누이에게 아이들을 부탁하고 아이에게 사랑과 축복, 그리고 아이들이 가져야 할 품성까지도 전했습니다.

딸(마리 테레즈 드 프랑스, 1778~1851)은 누나로서 풍부한 경험과 생각으로 동생(루이 17세)에게 충고하며 도와주기를 바랍니다. 아들은 보답으로 누나에게 우애 있는 마음으로 보살핌과 봉사의 태도를 보여 주기를 바랍니다. 두 아이가 어떤 처지에 있더라도 서로 도우면 행복하게 지낼 수 있음을 깨닫기를 바랍니다. 아이들이 우리를 본보기로 삼았으면 좋겠습니다.

죽음의 순간에 위로가 되는 건 가족의 사랑과 우정이라고 쓰면서 마리 앙투아네트는 절대 복수하지 말 것을 당부했습니다.

괴로움 속에서도 우리의 우정이 얼마나 많은 위로가 되었는지 모릅니다. 행복이란 친구와 함께 나눌 때 배가 되는 법입니다. 가족 말고 어느 누가 아름답고 내적인 친구가 될 수 있겠습니까? 아들이 부왕의 마지막 말(루이 16세의 '나는 죄가 없이 죽는다'는 말)을 반드시 잊지 말았으면 합니다. 훗날을 조심히 여겨 말하면, 우리의 죽음에 복수할 생각은 절대로 하지 말기를 바랍니다.

또 마리 앙투아네트는 자신으로 인해 고통을 받았던 사람들에게 용서를 빌고 모든 적들을 용서한다고 적었습니다.

내가 모르는 사이에 준 모든 괴로움을 부디 용서해주기를 모든 사람, 특히 사랑하는 당신께 기도합니다. 내게 고통을 준 모든 이들의 죄를 나는 용서합니다. 이제 형제, 자매에게 안녕을 고하려 합니다. 나의 벗들과 영원히 헤어져야 한다는 생각, 그들의 고통을 떠올리는 것이야말로 지금 내가 죽음 앞에서도 떨치지 못하는 가장 큰 괴로움입니다. 내가 마지막까지 그들을 생각했다는 걸 알아주었으면 좋겠습니다.

마리 앙투아네트가 마지막으로 남긴 편지는 그녀가 죽는 순간만큼은 자애로운 '어머니'이자 다정한 '올케', 남편의 죽음을 따라가며 모든 사람들을 용서하고 용서를 구하는 지극히 평범하면서도 용기 있는 여성이었음을 알려 줍니다.

로베스피에르

안타깝게도 이 편지는 엘리자베스 공주에게 전해지지 못했습니다. 엘리자베스 공주도 다음 해인 1794년 단두대에 처형되었기 때문입니다. 그해, 마리 앙투아네트를 문란한 성생활의 바람난 왕비로 몰아붙였던 로베스피에르도 전격 체포됩니다. 로베스피에르의 공포 정치에 신물이 난 세력들이 일으킨 '테르미도르 반동'에 의해서 말이죠. 그리고 재판도 없이 1794년 7월 28일 단두대에서 생을 마칩니다.

필리핀의 독립을 이끌었던 이가
조국에 띄운 마지막 비밀 편지

내가 절절히 사랑하고 숭앙하는 조국 사랑하는 필리핀이여,
나의 마지막 작별에 오, 귀를 기울여라. 나의 부모님, 내가
사랑하는 사람들 모두 이곳에 남기고 나 이제 떠나노라. 거
기 노예도 압제자도 사형 집행인도 없는 곳으로…

_호세 리살이 처형 전 마지막으로 남긴 편지와 절명시

1896년 새해를 이틀 앞둔
12월 30일, 오전 7시. 필리핀 마닐라
바굼바얀(Bagumbayan)의 유서 깊은 공
개 처형장. 새벽바람을 가르고 모여든
수많은 사람들이 두 손을 모아 기도하
며 안타까운 처형 현장을 지켜보고 있
었습니다.

호세 리살

　이윽고 오늘 처형당하는 인물이 검
은 중절모를 쓰고 검은 양복, 흰 조끼
에 검은 넥타이를 하고 나타났습니다.
군인들이 어깨에 총을 메고 발사 준비를 하는 동안 이 공개 처형자는
조용히 등을 돌렸습니다. 그의 눈앞에는 익숙한 풍경이 펼쳐졌습니
다. 그가 그토록 사랑했던 조국 필리핀의 바다에 이제 막 태양이 떠
오르고 바다의 습기가 몰려오는 풍경이었습니다. 크게 심호흡을 하
고 바다향을 마지막 생명의 숨으로 들이쉴 때 군인들의 요란한 총소
리가 나면서 총알이 그의 등을 관통했습니다. 그가 머리에 썼던 모자
는 충격을 이기지 못하고 땅에 떨어졌습니다.

　처형 당시 나이 35세. 필리핀인들이 국부로 존경해 마지않는 호세
리살(José Protasio Rizal Mercado y Alonso Realonda, 1861~1896)의
마지막 모습이었습니다. 그는 도대체 무슨 일을 했기에 이런 죽음을
당한 것일까요?

다재다능한 청년, 핍박받는 필리핀을 소설로 쓰다

필리핀은 태평양 서쪽에서 7,000여 개의 섬으로 이루어진 나라입니다. 마젤란(1480?~1521)이 세계 최초로 지구가 둥글다는 사실을 밝혀낸 세계 일주를 할 때 현재 필리핀의 영토인 세부에 도착합니다. 그때 필리핀 지역이 처음 세계에 알려집니다.

마젤란이 다녀간 후, 1565년에 에스파냐 원정대가 필리핀을 정복합니다. 그 후 필리핀은 미국과 에스파냐가 제국주의 전쟁(일명 미서전쟁, 1898~1899)을 벌이는 19세기 말까지 300여 년간 에스파냐의 지배를 받았습니다. '필리핀'이라는 국명은 에스파냐 탐험가 빌라로보스가 무적함대로 유명한 절대 군주 펠리페 2세가 왕세자일 때 그의 이름을 따서 '필리핀 제도(Las Islas Filipinas)'라고 한 데서 유래했습니다.

에스파냐는 필리핀을 가혹하게 지배했습니다. 무자비하게 가톨릭으로 개종하라고 요구했고, 이를 거부하는 사람들은 혹독하게 고문했습니다. 이러한 역사적 배경 속에서 필리핀의 민족주의자 호세 리살은 격렬하게 항쟁했습니다.

필리핀은 부계 혈족이나 모계 혈족에 여러 인종들이 함께 있는 나라입니다. 호세 리살은 부유한 혼합 메스티조 출신 부모의 2남 9녀 중 7번째로 태어났습니다. 어릴 때부터 총명해 3세 때 어머니에게서 알파벳을 익혔습니다. 그는 어린 시절에 어머니가 들려준 '어린 나방 이야기'를 듣고 깊은 감명을 받았다고 합니다. 등불을 너무 좋아한 어린 나방은 엄마 나방이 말리는 것도 듣지 않고 등불에 다가가 날개가 타버려 죽게 됩니다. 이 이야기를 들으며 호세 리살은 자신도 나방처럼 등불로 뛰어들어 타 죽을 수 있는 용기를 가지겠다고 생각했습니다.

호세 리살은 마닐라의 아테네오 대학교에 들어가 예술학을 전공했습니다. 그의 성적표에는 온통 '탁월하다(excellant)!'는 문구가 가득했습니다. 이어서 아시아에서 최초로 세운 명문 대학교인 산토 토마스 대학교에 입학해 철학에 이어 의학을 공부하고자 합니다. 그러나 도미니크 수도회 수도사들로 구성된 교수진들이 필리핀 학생을 차별하는 것에 분노를 느껴서 졸업을 포기하고 대신, 형인 파시아노 리살의 지원을 받아 에스파냐로 유학을 떠났습니다.

에스파냐 마드리드의 콤플루텐세 대학교 의학 대학에서 그는 안과를 전공했습니다. 어머니가 시력을 잃고 있었기 때문에 어머니의 눈을 회복시키겠다는 마음에서 선택한 것이었습니다. 에스파냐의 유학생활은 고달팠습니다. 파시아노는 매달 그에게 50페소를 보냈지만 한 달 유학비로는 매우 적은 돈이었습니다. 호세 리살은 배를 쫄쫄 굶고 한번은 영양실조로 앓아눕기도 하면서 학업을 이어 갔습니다.

학구열이 높았던 그는 파리와 하이델베르크까지 가서 안과 연구에 몰두했습니다. 당시 하이델베르크에는 새로운 검안경이 개발되어 있었습니다. 호세 리살은 하루의 반을 안과 연구에 쏟아부어 결국 자기 힘으로 어머니의 눈을 치료하게 됩니다.

학생 시절 그는 이런 기록을 남겼습니다. '하나님 다음으로 어머니는 인간의 전부이다.(After God, the mother is everything to man.)' 그만큼 호세 리살의 생애에 어머니 테오도라는 매우 지대한 영향을 주었습니다. 호세 리살은 이 시절에 병리학자로 명성이 높은 루돌프 비르초프의 추천을 받아 베를린 인류학 협회의 회원이 됩니다.

또한 그는 작가이면서 극작가이고 저널리스트였습니다. 건축과 지도 제작, 민족학, 인류학 등에 박학다식하고, 펜싱도 잘하고, 감탄이 절로 나오는 명사수였습니다. 어학에도 비상한 재능을 보여 22개 국어를 구사했지요.

호세 리살이 쓴 문학 작품은 곧 필리핀인을 위한 투쟁 도구였습니다. 에스파냐에서 유학 생활을 하면서 그는 차별받는 필리핀인들이 나태함과 도박에 빠질 것을 염려해 「동포들에게」라는 편지글을 써서 필리핀인들을 일깨웠습니다.

1887년 호세 리살은 필리핀 독립운동의 불씨를 당긴 소설 『나에게 손대지 마라(Noli me Tángere)』를 썼습니다. 이 소설은 에스파냐의 탁발수도회의 수사들이 필리핀을 지배하는 사회적 모순과 고통받는 민중들의 실태를 전 세계에 고발합니다. 또한 국가 권력을 등에 업고 필리핀인들을 억압하는 군인들과, 교육을 통한 개혁과 무력 투쟁 사이에서 갈등하는 지식인들의 모습 등을 생생하게 그려 냈습니다.

『나에게 손대지 마라』 초판

호셀 리살은 이 책이 에스파냐에서 출판되기 어려울 것으로 예상해 독일 베를린에서 2000부를 인쇄해 마드리드로 가져왔습니다. 이 소설은 그가 흑인에 대한 차별을 고발한 스토우 부인의 『톰 아저씨의 오두막』을 감명 깊게 읽고 같은 맥락에서 필리핀인에 대한 차별 대우를 고발하고자 쓴 것입니다. 제목은 성서 요한복음 20장 17절('예수님께서 그녀에게 이르시되, 내게 손을 대지 말라. 내가 아직 내 아버지께로 올라가지 아니하였노라…')에서 영감을 얻어 붙였습니다.

이 소설은 자유주의 열풍이 불던 시대적 열기를 타고 에스파냐의 지식인에게 선풍적인 인기를 얻습니다. 그리고 에스파냐의 지배로 핍박을 받는 필리핀인들에게 깊은 자각과 울림을 주었습니다. 에스파냐 당국은 이 책을 금서로 정했습니다. 하지만 비밀리에 판본이 필리핀에 전해졌습니다. 필리핀에서도 책은 폭발적인 반응을 일으키며 후에 호세 리살이 필리핀 혁명의 배후 인물로 체포되는 중요한 원인이 됩니다.

안락한 삶을 뒤로하고 위기의 고국에서 투쟁하다

잠시 필리핀에 귀국한 호세 리살은 민중을 돕는 활동을 합니다. 무료로 고향인 칼람바 사람들의 눈을 시술해 주고, 지주인 가톨릭 사제에게 내는 조세에 저항하는 시위를 주도하기도 합니다. 가톨릭 사제들은 호세 리살을 눈에 가시처럼 여겼습니다. 가톨릭 사제의 움직임이 심상치 않자 호세 리살은 가족들의 권유로 일본, 홍콩, 미국을 경유해 영국으로 가서 머물다 에스파냐로 돌아갔습니다.

호세 리살은 에스파냐에서 유학생을 중심으로 하는 자유주의 개혁 운동의 리더로 활발히 활동했습니다. 그는 바르셀로나에서 필리핀 유학생들과 필리핀 자유주의자들로 구성된 '라 솔리다리다드(La Solidaridad)'를 조직했습니다. 스스로 편집장이 되어 「라 솔리다리다드」 신문을 발행했습니다. 그는 다양한 필명으로 개인의 자유와 권리를 주장하는 사설, 시, 에세이, 우화 등을 기고했습니다.

호세 리살이 조직원들과 펼친 주장은 간단명료했습니다. 법 앞에 평등한 필리핀 국민의 권리를 되찾기 위해 부패한 사제 집단과 에스파냐 정부에 당당히 맞서 투쟁해야 한다는 것입니다.

호세 리살은 에스파냐의 잣대로 필리핀의 역사가 만들어지는 것을 용납할 수 없었습니다. 1890년 호세 리살은 에스파냐인으로 필리핀의 부총독이었던 안토니오 모르가(1559~1636) 박사가 쓴 『필리핀의 역사(Sucesos de las Islas filipinas)』의 주석판을 출간했습니다.

곰부르자 사건으로 희생된 고메스, 부르고스, 사모라 신부

주석판에서 그는 필리핀이 에스파냐가 오기 훨씬 이전부터 유구한 전통과 오랜 역사를 가진 나라임을 분명히 알렸습니다. 다음 해인 1891년에는 『나에게 손대지 마라』의 속편이며 더욱 과격해진 내용으로 점철된 소설 『체제전복(EL FILIBUSTERISMO)』을 발표합니다. 그리고 에스파냐에 의해 처형된 부르고스, 고메스, 사모라 신부에게 이 소설을 바쳤습니다.

리살은 무섭게 추적해 오는 에스파냐 당국을 피해 유럽을 거쳐 홍콩에 머물었습니다. 그곳에서 안과 의사로서 환자를 보면서 그의 생애에 가장 안정적인 생활을 보냈습니다. 하지만 호세 리살은 조국 필리핀을 사랑했고 안락한 생활에 더 이상 안주할 수 없다는 생각에 필리핀으로 돌아왔습니다. 그리고 마닐라에서 비폭력을 주장하는 시민 운동 단체인 '필리핀 동맹'을 결성하고 리더로 활발한 활동을 펼쳤습니다.

1892년 에스파냐 당국은 그를 붙잡아 민다나오 섬의 작은 마을, 다피탄으로 유배를 보내 버렸습니다. 유배 생활 4년 동안에 호세 리살은 다피탄에 학교가 하나밖에 없는 것으로 보고 자신의 돈으로 학교를 하나 더 세워 학생들을 가르쳤습니다. 학생들에게 농업, 건축, 가구 만들기, 원예를 가르쳤고 밧줄의 원료가 되는 아 바카라는 작물을 재배하는 데 힘을 기울였습니다.

한편 필리핀 젊은이들은 호세 리살이 강압적으로 전기도 없는 섬에 유배되어 있다는 현실에 매우 분노했습니다. 그들에게 호세 리살은 어릴 때부터 사상에 깊은 영향을 준 영웅이었으며, 필리핀이 독립해야 한다는 깨달음을 준 지도자였습니다. 그중 청년 안드레스 보니파시오는 과격한 무장 투쟁을 추구하는 비밀 혁명 단체인 '카티푸난 (Katipunan)'를 조직해 독립 운동을 펼

카티푸난의 설립자인 안드레스 보니파시오

카티푸난 독립군

첬습니다. 그들은 호세 리살을 명예 대통령으로 추대했습니다. 호세 리살은 평화주의자였기 때문에 카티푸난의 노선에 결코 동조하지 않았지만 운명은 그를 가혹하게 몰고 갔습니다.

1896년 회원이 10만 명이나 된 카티푸난이 필리핀 혁명을 일으키자 에스파냐 당국은 호세 리살을 전격 체포했습니다. 당시 그는 다피탄 총독의 허가서를 가지고 섬을 떠나 쿠바의 황열병 환자들을 돌보는 자원봉사 활동을 하기 위해 쿠바로 가는 배 안에 있었습니다.

에스파냐 당국은 그를 바르셀로나 감옥에 수감했습니다. 바르셀로나에서 다시 필리핀의 산타아고 요새 감옥으로 이동하는 동안 충분히 탈출할 기회가 있었지만 호세 리살은 탈출을 거부했습니다. 산티아고 감옥에서 그는 무장 독립 운동 단체와 연관이 없다고 주장하며 필리핀의 교육과 평등, 자유를 호소하는 선언문을 발표했습니다.

그러나 에스파냐 당국은 이를 인정하지 않았습니다. 그리고 호세 리살에게 반역, 선동, 내란 음모의 3가지 혐의를 씌워 사형을 선고했습니다. 사형을 선고받은 호세 리살은 가족에게 연로한 부모님을 자신 대신 잘 모셔 달라는 편지를 썼습니다. 또 가장 절친한 동지이자 소설『체제전복』의 서문을 흔쾌히 써준 블러먼트릿에게는 손수 묶은 책자를 남기면서 이런 편지를 썼습니다.

나는 내일 7시에 총에 맞을 것입니다.
그러나 나는 반란죄에 대해 결백합니다.
나는 평온한 양심으로 생을 마칠 것입니다.

1896년 처형되기 하루 전날인 12월 29일, 호세 리살은 어머니와 누이 4명, 조카 2명과 마지막으로 만났습니다. 호세 리살은 자신이 죽고 나면 사용하던 유품들이 가족에게 전달된다는 것을 잘 알고 있었습니다. 그래서 그는 누이들이 떠날 때 자신이 사용하던 알코올램프 아래 중요한 무엇이 있다고 강하게 암시를 주었습니다.

에스파냐 당국은 1896년 12월 30일 호세 리살을 공개 처형합니다. 그리고 비밀 장소에 시신을 묻고 어디에 묻혔는지를 철두철미하게 숨겼습니다. 호세 리살의 셋째 누나인 나르시사는 눈물을 삼키며 산티아고 요새 근처의 파코 공동묘지 무덤들을 샅샅이 살펴보았습니다. 그중에서 이제 갓 흙으로 덮인 무덤을 찾아냈습니다. 나르시사는 관리인에게 선물을 주어 이 무덤에 호세 리살의 이니셜을 거꾸로 표

호세 리살의 처형

기한 'RPJ'를 표시해놓게 했습니다.

　그로부터 2년 후, 1898년에 미국은 필리핀 지배를 놓고 에스파냐와 미서 전쟁을 벌였습니다. 전쟁에서 승리한 미국은 필리핀을 통치합니다. 미국은 필리핀인들의 저항을 가라앉히려는 꼼수로, 호세 리살이 처형된 장소에 리살 공원을 만들고 대대적으로 발굴해 그의 묘를 공원으로 이장했습니다.

　한편 가족들은 알코올램프 아래에서 네 번 접은 종이를 발견합니다. 거기에는 호세 리살이 마지막으로 남긴, 제목도 없는 기나긴 시가 적혀 있었습니다. 천재 작가이며 남다른 감성을 지닌 예술인 호세 리살이 죽음을 앞두고 사랑하는 조국 필리핀을 생각하며 지은 시였습니다. 가족들은 이 시를 국내외로 전달했고 1897년 홍콩에서 처음 발표되었습니다. 이후 호세 리살이 죽음을 앞두고 쓴 시는 1898년부터 '나의 마지막 작별(Mi Ultimo Adios)'이라는 제목이 붙여져 전 세계 사람들의 심금을 울렸습니다. 절명시가 매우 길기 때문에 전문은 다 소개하지 못함을 양해하기 바랍니다.

안녕,

나의 사랑을 바치는 조국이여.

우리의 태양이 감싸 주는 동방의 진주

우리의 잃어버렸던 에덴이여.

슬프고 억압된 내 삶을 기쁘게

이 땅에게 바치리라.

그것이 더 감탄스럽고 더 훌륭하고

더 새롭고 최상의 일이 된다면

이 땅의 행복을 위해

아낌없이 나를 바치리라.

전우들은 싸움의 분노 속에서

주저하지 않고 자유를 추구하는 투쟁에서

망설임 없이 그들의 목숨을 바쳤노라.

사이프러스와 월계수, 하얀 색의 백합이

덮인 관, 교수대와 거친 들판, 전투가 일어나는 곳

그 어느 곳이든

조국과 태어난 곳을 위해 삶을 바친다면

장소는 무슨 상관이 될 것인가.

우울한 밤이 지나고

마침내 날이 밝았음을 알리며

하늘에서 해가 떠오를 때

그 여명 속에서 삶을 마치게 되리라.

조국의 새벽을 물들일 주홍빛이 필요하다면

조국이 가장 필요로 하는 시기에

나의 붉은 피를 흩뿌려

더욱 찬란하게 빛나게 하라…

호세 리살은 지금도 필리핀인들의 가슴에 살아 숨 쉬는 국가 영웅입니다. 필리핀 의회는 1956년 모든 고등학교와 대학에서 호세 리살의 삶과 작품을 배우도록 결정했습니다. 필리핀 1페소 동전 앞면에는 리살의 얼굴이 새겨져 있습니다. 필리핀의 모든 마을과 도시에는 리살의 이름으로 명명된 거리가 있습니다. 12월 30일은 '리살 데이(Rizal Day)'로 기념식을 치릅니다.

또한 호세 리살 대학교가 있고 마닐라의 로하스 거리(Roxas Street)에 그를 기념해 세워진 리살 공원이 있습니다. 이곳은 그가 처형된 장소에 세워진 공원으로 호세 리살의 처형 장면을 재현한 조각이 있어 지나가는 사람들을 숙연하게 합니다. 그가 마지막으로 수감된 산티아고 감옥 부근에는 호세 리살 기념관이 세워졌습니다. 필리핀의 리살 주(州)의 주명도 호세 리살을 기념하기 위한 것이며 필리핀의 국립 경기장과 구축함도 그의 이름으로 불립니다.

호세 리살에 대한 비판도 있습니다. 그는 모든 저작물을 당시 대부분의 필리핀인들이 쓰던 타갈로그어가 아닌 엘리트 언어인 에스파냐어로 썼습니다. 또한 호세 리살은 절대 독립을 주장하지 않고 자치운동만을 펼쳤습니다. 역사학자들은 호세 리살이 에스파냐에 자치

운동을 펼친 인물이며 독립운동가로 평가하기에는 무리가 있다고 주장하고 있습니다. 이외에도 미국이 필리핀을 통치하면서 의도적으로 무장 투쟁을 꺾기 위해 평화주의자인 호세 리살을 전면에 내세워 국민 영웅으로 만들어 나갔다는 점도 비판할 부분으로 이야기됩니다. 그럼에도 불구하고 필리핀 민중을 깊이 사랑한 호세 리살의 투지와 용기, 희생 속에서 '필리핀의 독립'이라는 씨앗이 뿌리를 내렸다는 것은 부인할 수 없는 사실입니다.

'가장 완전한 인간'이라 칭송받던
혁명가가 남긴 편지

내가 기쁨과 슬픔이 혼재한 마음으로 떠난다는 걸 이해해
주게. 나는 여기에… 내가 사랑하는 자들의 가장 사랑하는
부분을 남겨 두고 가네. 나를 아들로 받아 준 인민의 곁을
떠나네. 내 정신의 한쪽을 남겨 두겠네.

_체 게바라가 또 다른 혁명을 위해 떠나며 카스트로에게 남긴 편지

이 시대의 '혁명의 아이콘'으로
불리는 사람이 있습니다. 바로 아르헨
티나의 의사 출신으로, 자신이 가진 모
든 지위를 내던지고 민중을 위해 고귀
한 생명을 바친 체 게바라(Che Guevara,
1928~1967)입니다. 그의 본명은 에르네스
토 라파엘 게바라 데 라 세르나(Ernesto
Rafael Guevara de la Serna)이며, 아르헨

체 게바라

티나 로사리오의 중산층 가정에서 5남매 중 장남으로 태어났습니다.

체 게바라는 2살 때 폐렴을 앓은 이후 천식이 생겨 평생 고생하면
서도 파이프를 놓지 않은 지독한 애연가였습니다. 긴 본명 대신 '체
게바라'라고 불린 것은 그가 입버릇처럼 아르헨티나 사람들이 즐겨
말하는 "체(나로서는, Che)"를 말했기 때문입니다. 동료들은 그를 '체'
라는 별명으로 불렀지요.

체 게바라는 의사의 꿈을 가지고 아르헨티나의 부에노스아이레스
의과 대학에 진학했습니다. 1951년 대학교에 재학하면서 친구 알베
르토 그라나도와 함께 자전거에 모터를 부착한 모터사이클을 타고
4,000km를 달려 남미 곳곳을 순회했습니다.

목적지 없이 모터사이클을 타고 무작정 길을 따라가는 여행이었는
데 이 여행에서 체 게바라는 큰 충격을 받습니다. 가는 곳마다 결코
넘을 수 없는 빈부 격차와 인권의 사각지대에서 허덕이는 수많은 남

미인들을 만났기 때문입니다. 그들은 사탕수수밭에서, 바나나 농장에서, 광산촌에서 질병과 굶주림에 시달리며 극한 노동으로 힘겹게 살아가고 있었습니다. 인간이면 누구나 가져야 할 최소한의 인권도 이들에게는 사치였지요.

부자들의 착취에 신음하면서도 민중들이 제대로 저항하지 못하는 모습을 보면서 체 게바라는 "전 노동자여. 단결하라!"를 외친 마르크스가 주장하는 사회주의 이론에 빠져들었습니다. 그리고 졸업 후 한 번 더 남미 여행을 떠났는데, 그때 눈길이 닿는 곳곳을 카메라로 찍어 남겼습니다. 후에 그가 남긴 이 생생한 현장 기록을 바탕으로 전 세계의 젊은이들이 공감대를 느낀 영화 '모터사이클 다이어리(2004)'가 나오게 되었지요.

친구 알베르토 그라나도와 함께 아마존강을 여행하는 체 게바라의 모습 (1952년)

그가 '총을 든 의사'가 되기까지

체 게바라는 대학을 졸업한 후 과테말라에서 과테말라 혁명 정부의 개혁에 참여하는 사회주의자로 활동했습니다. 당시 과테말라 대통령으로 당선된 하코보 아르벤스 구스만은 체 게바라를 비롯한 사회주의자들의 개혁 운동에 힘을 얻어, 과테말라 경제를 독점으로 장악해 막대한 이득을 취하던 미국의 다국적 과일 기업인 UFC(United Fruit Company)의 바나나 농장 40만 에이커를 전격 압수했습니다.

그러자 UFC는 미국 국가 정보국인 CIA(Central Intelligence Agency)에 혁명 정부를 무너뜨려 달라고 요청했습니다. CIA는 반 정부 세력에게 암암리에 대량의 무기를 지원합니다. 결국 혁명 정부는 무너지고 말지요. 체 게바라를 검거하라는 명령도 떨어졌습니다.

체 게바라는 미국의 이윤을 위해서 수단과 방법을 가리지 않는 미국의 제국주의에 대해 분노했습니다. 그는 수배령을 피해 멕시코로 망명했습니다. 그리고 그곳에서 1955년 7월 10일 평생의 혁명 동지가 되는 변호사 출신 피델 카스트로(1926~2016)를 만납니다.

피델 카스트로는 쿠바인으로 1953년 7월 26일 소규모 조직을 구성해 산티아고 시에 주둔한

체 게바라(왼쪽)와 피델 카스트로 (1961년)

몬카다 군 병영을 공격하다가 체포되어 재판에 회부된 적이 있는 혁명가였습니다. 그는 재판에서 바티스타 정부의 부정부패와 위헌적인 행위를 고발하면서 "역사가 나를 사면할 것이다."라는 유명한 말을 남겼습니다.

1955년 석방된 피델 카스트로는 멕시코에서 요트를 타고 쿠바에 잠입할 계획이었습니다. 쿠바에서 게릴라 전을 펼쳐서 독재자 풀헨시오 바티스타를 무너트릴 생각이었지요. 체 게바라는 카스트로가 밝힌 포부와 구체적인 계획을 듣고 함께할 것을 결심합니다.

쿠바와는 전혀 상관없는 아르헨티나 출신 체 게바라가 카스트로의 혁명군에 가담하기로 한 것은 미국 등 자본주의 국가들의 약탈을 목격했기 때문입니다. 체 게바라는 미국에게 이권을 모두 빼앗긴 중남미 나라들에 혁명 정부를 세우며 한걸음 더 나아가 혁명 정부들이 초국가적인 동지애로 뭉치기를 바랐습니다. 그래서 미국과 같은 통합 국가가 되기를 희망했지요. 그는 혁명을 위해서는 민중이 모두 힘을 합쳐야 한다는 신념이 있었습니다.

게릴라가 되는 길은 멀고도 험했습니다. 산속이나 늪을 방어막으로 삼으며 우수한 화력을 가진 정부군과 전투를 해야 했지요. 체 게바라는 에스파냐 내전에 참여한 적이 있는 군인 알베르토 바요에게서 혹독한 군사 훈련을 받았습니다. 그는 죽음의 늪에서도 생존을 위해 몸부림칠 수 있는 유능한 유격대원으로 거듭났습니다.

1956년 11월 25일, 피델 카스트로가 이끄는 혁명군은 멕시코의 툭스판에서 8인승 요트 그란마 호를 타고 쿠바로 향했습니다. 드디어 12월 2일 쿠바의 오레엔테 주에 상륙했습니다. 그러나 정보가 새어

나가 정부군의 섬멸 작전으로 혁명군 82명 중 상당수가 상륙하자마자 죽거나 사로잡혔습니다.

생존한 피델 카스트로와 체 게바라는 남은 대원 10여 명을 이끌고 3일 동안 늪을 걸었습니다. 나중에는 한 발자국도 움직일 수 없을 만큼 지쳐서 겨우 몸을 웅크리고 사탕수수밭에서 휴식을 취했습니다. 그때였습니다. 정부군의 공습과 총격이 빗발쳤습니다. 대원들은 죽기 살기로 몸을 피했습니다. 그때 체 게바라의 눈앞에는 대원이 버리고 간 탄약 한 상자와 약품 한 상자가 있었습니다. 상자 두 개를 들고 뛸 수는 없었기에 하나를 선택해야 했습니다. 그 순간, 체 게바라는 의사가 아닌 전사가 되겠다고 마음먹었습니다. 그는 약품 상자는 그대로 둔 채 탄약 상자를 들고 있는 힘을 다해 뛰었습니다. '총을 든 의사'가 탄생한 순간이었습니다.

감성이 풍부한 체 게바라는 평소 손에서 책을 놓지 않는 독서광이며 사색이 깊은 시인이었습니다. 그날, 그는 결국 총상을 입었고 처음으로 목숨이 끊어질지 모른다는 두려움을 느꼈습니다. 이날에 그가 쓴 기록을 읽어 보겠습니다.

두려움이 익숙한 모습으로 엄습하고 낯선 목소리로 속삭인다.
나는 군인이며 의사다.
불에 덴 듯한 화끈한 감각이 목 부위를 감싼다.
나는 죽을 것이다. 총에 맞았다.
내 삶, 내가 사랑하는 이들, 내 포부,
끝나지 않은 노래의 슬픔만을 안고 나는 떠나리라.

산타 클라라 전투 후의 체 게바라(1959년)

체 게바라는 불리한 전세에서도 백절불굴의 의지로 게릴라 부대를 이끌며 정부군을 물리쳐 나갔습니다. 체 게바라는 산타 클라라에서 정부군의 무장 열차를 탈취하는 활약으로 영웅적인 면모를 떨쳤습니다. 피델 카스트로는 그를 깊이 신뢰하여 체 게바라는 부대에서 2인자가 되었습니다. 어떤 전투에서는 단 140명이 정부군 3200명을 맞아 싸울 때도 있었습니다. 그러나 언제나 승리는 그의 것이었습니다. 독재자의 무자비한 탄압에 지친 쿠바의 민중들은 가는 곳마다 게릴라 부대를 환영했습니다. 그리고 체 게바라의 길에 동참하는 인원이 기하급수적으로 늘어났습니다.

1959년 1월 체 게바라가 서른 살일 때 쿠바의 수도 아바나를 장악합니다. 피델 카스트로와 체 게바라 등 혁명 세력은 미국에 굴종하는 부패한 바티스타 정권을 몰아냈습니다. 마침내 쿠바에서 혁명을 달성한 것입니다. 카스트로는 세상을 향해 "인간이 추구해야 할 가장 가치 있는 사명은 혁명이며, 모든 혁명가의 임무는 혁명을 완수하는 것이다."라고 당당히 외쳤습니다.

이후 체 게바라는 쿠바의 시민권을 받고 피델 카스트로의 전적인 신임을 받으며 사회주의 국가 쿠바의 2인자가 됩니다. 그리고 쿠바를 완전한 사회주의 공화국으로 만들기 위한 개혁 운동의 선봉에 섭니다. 체 게바라는 라카바니아 요새 사령관, 국가토지개혁위원회 위원장, 중앙은행 총재, 농림부 장관, 산업 장관에 이어 외교부 장관으로 소련, 중국, 일본과 이집트, 인도네시아, 유고 등 제3세계를 방문했습니다.

1964년 12월 체 게바라가 UN에서 한 연설은 많은 사람들에게 깊은 감명을 주었습니다.

착취당하고 고통받던 중남미의 불행했던 국민들이 드디어 역사 속에 함께하게 되었습니다. 자신의 힘으로 직접 역사를 만들어 가기로 결정한 것입니다.

짓밟혔던 정의와 권리를 요구하며 태동하는 분노의 물결이 중남미 국가를 휩쓸고 있습니다. 이 물결은 계속될 것이며, 시간이 지날수록 더욱 거세질 것입니다. …이 거대한 행진은 여러 차례 투쟁 속에 헛된 죽음을 맞이하면서도 진정한 독립을 쟁취할 때까지 계속될 것입니다.

만약 이 활동까지가 체 게바라 일생의 전부였다면, 프랑스를 대표하는 실존주의 철학자 사르트르가 그를 '그 시대의 가장 완전한 인간'이라고 평하거나, 카스트로가 체 게바라가 다리에 총을 맞고 생포된 10월 8일을 '게릴라 영웅의 날'로 지정해 기념하지 않을 것입니다.

체 게바라는 자신이 가진 기득권과 부, 명예를 모두 버리고 자신의 이상을 실천하기 위해 전진했습니다. 그렇기에 그를 '영원한 게릴라'라고 칭하는 것일 겁니다. 쿠바의 실세인 그는 1965년 4월 피델 카스

체 게바라와 장 폴 샤르트르, 시몬 드 보부아르가 만나는 모습

트로에게 작별의 편지를 남겼습니다. 그리고 쿠바의 모든 공직에서 사퇴한 후 세상에서 모습을 감추었습니다. 편지 내용을 함께 보겠습니다.

피델

…나는 쿠바 땅에 국한된 쿠바 혁명에서 내 몫을 다했다는 느낌이네. 나는 자네와, 동지들과 그리고 이제는 나의 것이기도 한 자네의 인민들과 작별을 고하네. 내가 맡은 당의 직책과 장관직과 사령관의 직위, 그리고 쿠바 시민의 모든 권리를 포기하네.…

다른 하늘 아래에서 맞는 내 최후의 시간이 온다면, 마지막으로 쿠바 인민들, 특히 자네를 생각할 걸세.…

나는 내 아이들과 아내에게 어떤 물질도 남기지 않을 것이네. 이

사실이 슬프지는 않네. 왜냐하면 그들이 먹는 것, 생활하고 배우는 것은 모두 국가가 줄 것이기 때문일세.…

영원히 승리하는 그날까지!
뜨거운 혁명의 열기로 얼싸안으며
─체

체 게바라는 혁명 전사 140명과 함께 남아메리카를 떠나 사회주의 혁명 정부를 세우기 위한 내전을 치르는 아프리카의 콩고로 향했습니다. 체 게바라에게는 자유를 갈망하는 국가들이 국제적으로 단결해 제국주의에 맞서야 한다는 신념이 있었습니다. 이를 위해 독립운동을 펼치는 제3국의 혁명을 전적으로 지원해야 한다고 생각했지요. 그는 부패하고 싸울 의지도 없는 콩고의 혁명군을 게릴라 전사로 키워 내기 위해 고군분투했습니다. 어제까지 일국의 장관으로 전 세계를 누비며 국빈 대우를 받았던 사람이 남의 나라 전쟁터에서 피땀으로 범벅이 된 채 목숨이 경각에 달린 순간들을 보내고 있었습니다.

체 게바라가 언제나 품 안에 갖고 다니는 것이 두 개 있었습니다. 하나는 혁명 동지이며 네 아이를 키우는 아내 알레이다가 부상을 당하면 묶으라고 준 스카프이고, 다른 하나는 어머니가 준 작은 열쇠고리였습니다. 체 게바라는 총을 들고 콩고의 전선을 헤맬 때 사랑하는 아이들에게 낭독해 주던 시들을 되뇌며 전진했습니다. 아이들을 생각해 반드시 사선에서 살아남아야 한다는 의지를 스스로 불어넣기 위함이었을지도 모릅니다.

그러나 콩고에서 펼친 혁명 활동은 완전한 실패였습니다. 체 게바라는 다시 남미를 향합니다. 요트 안에서 수염을 완전히 깎고 머리를 뽑아 대머리가 된 채 노인으로 변장했습니다. 그리고 새로운 게릴라전을 펼치는 볼리비아 산속으로 들어가기로 마음먹었습니다.

그전에 그는 마지막으로 아이들을 만나러 갔습니다. 아이들을 만난 체 게바라는 자신을 아빠의 친구라고 소개했습니다. 그가 놀다가 엎어진 딸아이를 소중하게 안아 들자, 딸은 엄마에게 달려가 저 아저씨가 나에게 반한 모양이라고 말했다고 합니다.

체 게바라는 아내에게 사랑을 담은 낭만적이면서도 절박함이 가득한 편지를 여러 통 보냈습니다. 자신이 죽은 후에 자신의 목소리를 들으며 위로를 받으라고 아내를 위해 시 낭송을 테이프에 담았습니다.

안녕히, 오직 하나인 내 사람.
떨지 마시오.
굶주린 승냥이 떼들 앞에서도
내가 곁에 없는 초원의 추위 속에서도
나의 심장 속으로 그대를 데려가니 말이오.
그리하여 우리 두 사람 앞에 길이 사라질 때까지
더불어 걸어가리다.

1967년 10월 8일 체 게바라는 미국 CIA의 사주를 받은 볼리비아 군에게 포위당합니다. 그는 다리에 관통상을 입고 체포된 후 재판도 없이 다음 날인 1967년 10월 9일 사살되었습니다. 체 게바라는 억압

볼리비아에서 체 게바라의 모습

받는 민중에게 정의와 자유, 부의 공정한 배분을 가져다주지 못한 것에 큰 회한이 들었는지 눈을 크게 뜨고 세상을 떠났습니다. 그의 나이고작 39세였습니다. 볼리비아 정부는 체 게바라의 손을 절단해 쿠바로 보냈습니다. 지문으로 체 게바라임을 증명하기 위함입니다. 피델카스트로는 크게 슬퍼하며 30일 동안 조기를 게양하도록 했습니다.

그가 사살된 지 꼭 30년이 된 1997년 볼리비아 비행장에서 암매장되었던 그의 시신이 발굴되어 세상을 놀라게 했습니다. 체 게바라는 이 시대의 진정한 혁명가가 되어 혁명을 꿈꾸는 자들의 가슴을 전율케 하는 별이 되었습니다. 그의 죽음은 혁명의 끝이 아니라 혁명의불길을 당기는 새로운 혁명의 촛불이 된 것입니다.

죽음으로 불공정한 조약에 항거하며
동포에게 띄운 마지막 편지

살기를 바라는 자는 반드시 죽고 죽기를 기약하는 자는 삶을 얻을 것이니, 여러분은 어찌 헤아리지 못하는가? 영환은 다만 한 번 죽음으로써 우러러 임금님의 은혜에 보답하고 그럼으로써 우리 이천만 동포 형제에게 사죄하노라.

—충정공 민영환 선생이 동포에게 남긴 유서

서울 지하철 2호선을 타고

가다 보면 충정로 역이 나옵니다. 이 역의 이름은 왜 충정로일까요? 1945년 해방되고 다음 해에 일제가 지은 서울의 지명을 우리 고유 이름으로 바꾸었습니다. 이때 이 거리를 충정공 민영환 선생(閔泳煥, 1861~1905)을 기리기 위해 '충정로'라고 지었지요. 충정로 역은 환승역이어서 수많은 사람들이 오가지만 역의 이름에 대해서는 별 관심이 없습니다. 하지만, 세월을 거슬러 올라가 125년 전만 해도 이름의 주인공을 향한 관심은 전국민적이었습니다.

최고 공직자가 왜 자결을 선택했을까?

1905년 11월 30일 충정공 민영환 선생이 목숨을 끊은 날, 조선 팔도에서 나라를 걱정하는 사람이라면 너 나 할 것 없이 가슴을 치며 슬퍼했습니다. 문상객이 인산인해를 이루어 여러 집을 빌려서 조문객을 맞았습니다. 당시는 남녀가 유별하던 시절이어서 여성 조문객을 위해 따로 조문소를 마련할 정도였습니다. 정성스럽게 제문을 지어 올리는 사람도 여럿 있었습니다.

그뿐만이 아닙니다. 민영환 선생이 목숨을 끊었다는 소식을 듣고 전국 각지에서 의인들이 선생의 길을 따라 숨을 끊었습니다. 전 의정대신(영의정) 조병세, 전 판서 홍만식, 학부 주사 이상철, 평양 진위대

민영환

군인 김봉학 등이 자결하였고 선생이 가는 곳의 발이 되어 주었던 인력거꾼까지 목숨을 끊었습니다. 또 이상설 선생, 신규식 선생도 자결을 시도하다가 가족 등에 의해 겨우 목숨을 구할 수 있었습니다.

고종을 모시던 최고 공직자였던 민영환 선생(이하 민영환). 민영환은 나라가 기울어 가는 책임을 오롯이 짊어지고 외교권이 강탈된 것에 항의해 스스로 목숨을 끊었습니다.

민영환이 어떤 인물인지 살펴볼까요? 그는 고종의 고종사촌 동생이자 흥선 대원군의 처조카이고, 명성황후의 친정 조카였습니다. 한마디로 권력의 핵이었지요. 그러나 친아버지 민겸호는 임오군란 때 구식 군인들에게 비참하게 죽었고, 양아버지 민태호도 갑신정변 당시 경우궁에서 독립당에 의해 참살을 당한 가족사가 있는 인물입니다.

민영환은 기대와 촉망을 한 몸에 받은 인재였습니다. 18세에 문과에 장원급제했고 단 21세에 성균관 대사성(현 서울대학교 총장)이 된 후 승승가도를 달리며 요직이란 요직은 두루 거쳤습니다. 지금으로 치면 외교부 대사직과 장관을 여러 번 역임하였습니다. 주미전권공사를 맡은 그는 1896년 러시아 황제 니콜라이 2세의 대관식 때 축하사절단을 이끌면서 우리나라 최초로 세계 일주를 했습니다. 1897년에는 영국 빅토리아 여왕 즉위 60주년을 축하하는 특명 대사직을 수

1896년 러시아 니콜라이 2세의 대관식에 파견된 윤치호와 민영환(앞줄 왼쪽 세 번째)

행하면서 영국, 독일, 프랑스, 러시아, 이탈리아, 오스트리아-헝가리 6개국의 특명 전권공사에 임명되었습니다. 장관직으로는 형조판서, 내부대신, 탁지부 대신, 참정대신, 학무대신, 외무대신, 군부대신을 지냈습니다.

민영환은 독립협회의 지지자이기도 했습니다. 1904년 11월 러일전쟁이 한창일 때 민영환은 미국에 이승만을 밀사로 파견합니다. 당시 이승만은 독립협회 회원으로 고종 퇴위 주장에 연루되어 옥에 갇혀 있었는데 민영환이 그를 석방시켜 미국에 보낸 것입니다. 영어에 능통한 이승만을 보내 바람 앞에 촛불 같은 대한제국의 국권을 지키기 위한 청원을 넣고자 했지요. 이 일로 친일 대신에게 좌천당해 시종부 무관장, 육군부장 직을 수행하고 있었습니다.

1905년 11월 17일 을사늑약이 조인되었을 때 그는 경기도 용인에 있는 선산에 세상을 떠난 첫 부인의 묘소를 옮기던 중이었습니다. 조약 소식을 듣자마자 상경한 민영환은 조병세와 논의했습니다. 조병세는 79세의 늙은 몸으로 소두(연명 상소를 올릴 때 가장 먼저 이름을 쓰는 상소의 대표)가 되어 백관을 이끌고 연명 상소(상소를 올리는 사람들의 이름이 연달아 적혀 있는 상소)에 나섭니다. 이들은 을사조약의 무효와 을사 5적의 처단, 새로운 인물을 외부대신에 임명할 것, 각국 공사와 협의해 을사조약을 파기할 것 등을 요구했습니다.

일본군은 고종이 상소에 답하지도 않았는데 상소하는 사람들을 강제로 해산시켰습니다. 조병세도 끌려가 연금을 당했습니다. 얼마 후 연금에서 풀려난 조병세는 덕수궁의 정문인 대한문 앞에서 거적을 깔고 엎드려 조약 파기를 간곡히 요청하며 석고대죄를 했습니다.

일본 헌병이 다시 조병세를 강제로 끌고 가자 이번에는 민영환이 조병세의 뒤를 이어 소두가 되어 백관을 이끌고 두 차례에 걸쳐 상소 운동을 펼쳤습니다. 고종이 '충성스러운 마음을 알았으니 그만 물러나라'는 명을 내렸으나 주장을 굽히지 않았지요. 그러다가 민영환 역시 강제로 끌려가 대한제국 최고 법원인 평리원에 연금되었습니다.

11월 29일 연금에서 풀려난 민영환은 충격적인 항거를 하리라 결심합니다. 그는 전동에 있는 회화 나뭇골, 현재 공평 빌딩이 있는 곳으로 향합니다. 그곳은 자신의 청지기인 이완식의 집이었습니다. 남들이 보기에는 그가 며칠간 연명 상소의 소두와 연금으로 피폐해진 몸을 쉬려는 것처럼 보였습니다.

그런데 민영환은 다시 이완식의 집을 나와 계동에 있던 본가(서울 종로구 계동 133번지)로 향했습니다. 본가에는 아내 박수영 씨가 7살 장남 범식, 2살 차남 장식, 그리고 이제 태어난 지 한 해가 된 막내 광식을 돌보고 있었습니다. 민영환은 아무 내색 없이 아내와, 아비 없이 자랄 자식들을 애틋하게 살피며 혼자만의 작별 인사를 했습니다. 본가를 나선 그는 교동으로 가 노모를 마지막으로 뵈었습니다. 다시 이완식의 집으로 간 후 시종까지 심부름을 시켜 보낸 후 방문을 걸어

잠급니다.

첫닭이 울 때까지 민영환은 지니던 명함을 꺼내어 격한 심정을 담은 유서 3통을 작성합니다. 한 통은 2천만 동포에게, 두 번째 유서로 명함 5장에는 청, 영국, 미국, 프랑스, 독일 공관 앞으로 보내는 호소를 그리고 마지막 한통은 황제에게 고하는 글이 적혀 있었습니다. 이 유서는 그의 시신을 수습할 때 옷깃에서 발견되었습니다. 유서 사이로 명함에

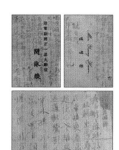

민영환 유서 명함
출처: 고려대 박물관(한국학
중앙 연구원)

적힌 '육군부장 정일품 대훈위 민영환(陸軍副將 正一品 大勳位 閔泳煥)'이라는 글자가 선명하게 보여 보는 이들을 숙연하게 했습니다.

유서를 작성한 후 그는 작은 칼을 꺼내어 복부를 단숨에 찔렀습니다. 그러나 칼이 작아 치명상을 입힐 수 없자, 손에 묻은 끈적거리는 피를 의복에 문질러 미끄럽지 않게 한 다음 여러 차례 힘을 가합니다. 그래도 뜻대로 되지 않자 칼을 들어 자신의 목을 내리 찔렀습니다. 목에 난 2치 정도 구멍에서 콸콸 피를 쏟으며 민영환은 항거의 순국을 단행했습니다. 이때 그의 나이 45세였습니다.

유서의 내용 중 가장 사람들의 가슴을 먹먹하게 한 대목은 '사이불사(死而不死)'라고 쓴 부분입니다. '영환은 죽되 죽지 아니한다'는 뜻입니다. 왜 이런 글을 남겼을까요? 한문으로 적혀 있던 유서의 전문을 보겠습니다.

오호라, 나라의 수치와 백성의 욕됨이 바로 여기에 이르렀으니,

우리 인민은 장차 생존 경쟁하는 가운데에 모두 멸망하려 하는도다.

대저, 살기를 바라는 자는 반드시 죽고 죽기를 기약하는 자는 삶을 얻을 것이니, 여러분은 어찌 헤아리지 못하는가?

영환은 다만 한 번 죽음으로써 우러러 임금님의 은혜에 보답하고 그럼으로써 우리 이천만 동포 형제에게 사죄하노라.

영환은 죽되 죽지 아니하고, 구천에서도 여러분을 기필코 돕기를 기약하니, 바라건대 우리 동포 형제들은 더욱더 분발하여 힘쓰기를 더하고 그대들의 뜻과 기개를 굳건히 하여 학문에 힘쓰고, 마음으로 단결하고 힘을 합쳐서 우리의 자주 독립을 회복한다면, 죽은 자는 마땅히 저 어둡고 어둑한 죽음의 늪에서나마 기뻐 웃으리로다.

2천만 동포를 돕기 위해 지하에서도 살아 있으면서 후원을 아끼지 않겠다는 내용이었습니다. 그의 충격적인 죽음이 알려지자 고종은 긴 탄식을 하며 이렇게 조령(조문을 하는 명령)을 내렸습니다.

이 중신은 타고난 성품이 온후하고 의지와 기개가 바르며, 왕실의 근친으로서 곁에 있으면서 보좌한 것이 많았고 공적도 컸다. 짐이 일찍부터 곁에 두고 의지하며 도움받던 사람인데, 이 어려운 때에 괴로운 심정이 절절하여 분연히 제 몸을 돌보지 않고 강개하고 격렬해져 마침내 자결하였으니, 충성스럽고 의로운 넋은 해와 별을 꿰뚫을 만하다. 짐의 마음의 비통함이 어찌 다함이 있겠는가?

_『고종실록』, 고종 42년 11월 30일조, 1905년 대한 광무(光武) 9년

민영환은 러시아에 축하 사절직으로 갔을 때 상트페테르부르크에서 기념사진을 찍었습니다. 그리고 사진 우측 상단에 직접 7언 절구(한시의 한 형식. 시의 한 구절이 7글자의 한자어로 이루어진 총 4구절 시)를 써놓았는데 그의 겸허한 성품이 그대로 묻어납니다.

이 얼굴 한 농부에 지나지 않는데/경(卿, 고위직)이 되고 장(將, 장군)이 됨은 곧 무슨 일이던가/관직을 더럽혀 가문의 명예를 실추시켰으니/감히 밝은 조정에서 백관을 다스릴 수 있겠는가.

민영환은 개혁가이기도 합니다. 세계 일주를 하고 돌아와 부국강병을 위한 정치, 특히 군사 제도를 개혁하자고 강하게 주장합니다. 그러면서 「천일책(千一策)」을 제출했습니다. 천일책이란 "어리석은 자도 천 번 생각하면 한 번은 얻을 것이 있다(愚者千慮 必有一得)"라는 고어에서 가져온 것으로 스스로를 낮추어 방책을 낸 것입니다.

또한 그는 세계를 돌며 견문을 넓히면서 해외 이민으로 노동력을 내보내야 한다고 느낍니다. 그래서 우리나라 최초로 수민원(외국 여행권을 맡은 관청)의 총재직을 맡아 2년

민영환 7언절구

간 대한제국 사람 7,800명을 하와이로 이민을 보냈습니다. 1902년 12월 22일 첫 이민선이 제물포 항을 떠날 때 민영환은 직접 나와 태평양을 건너가는 이민선을 환송했습니다.

이민선이 떠날 때 그 앞에 3개의 바다가 생겼다고 전해집니다. 그중 하나는 먼 길을 떠나는 사람들의 가족과 지인이 흘리는 눈물의 바다요, 또 하나는 배 위에서 생전 처음 낯선 곳으로 떠나는 불안한 심정을 안은 이민자들의 눈물이요, 마지막 하나는 무심하게 철썩거리는 제물포항 앞의 바다였습니다. 이 재미 동포들은 피눈물 나는 노동으로 돈을 벌어 훗날 대한민국 임시정부가 발행하는 독립 공채를 구입하는 등 독립운동을 물심양면으로 지원해 주었습니다.

그가 죽은 자리에 혈죽이 솟아오르다

'사이불사.' 민영환은 죽어도 죽지 않는다고 했습니다. 그 말 그대로 놀라운 기적이 그가 세상을 떠난 지 8개월 후에 일어났습니다. 피에 젖은 민영환의 옷과 피 묻은 칼을 집으로 가져와 마루방에 두었는데 마루 틈으로 피가 땅바닥에 떨어지면서 그 자리에서 대나무가 자라난 것입니다.

1910년 국권 강탈에 항거해 목숨을 끊은 황현이 남긴 『매천야록』에 이 대나무에 대한 기록이 있습니다. 길이는 3~5척에 대나무 네 줄기가 자라났고 잎은 민영환이 죽을 당시의 나이인 45개라고 적었습니다. 「대한매일신보」도 '녹죽이 저절로 자라남(綠竹自生)'이라는 제목으로 아래 기사를 내보냈습니다.

공(公)의 집에 푸른 대나무가 자랐다. 생시에 입고 있었던 옷을
걸어 두었던 협방 아래에서 푸른 대나무가 홀연히 자라난 것이라
한다. 이 대나무는 선죽(善竹)과 같은 것이니 기이하다.

_「대한매일신보」 1906년 7월 5일자 보도

「대한매일신보」는 대나무가 자란 것을 고려의 충신 정몽주의 핏자
국에서 의죽(義竹)이 자란 전설과 대비해 보도하여 전국을 들끓게 했
습니다. 「제국신문」과 「황성신문」도 연일 '충혈성순(忠血成筍), 충성
으로 풀린 피가 대나무의 순이 됨', '대절위죽(大節爲竹), 대의를 위
한 절개가 대나무가 됨'이라는 내용의 기사를 썼습니다.

그리고 1906년 7월 7일 장지연의 '시일야방성대곡'으로 유명한 황
성신문의 논설에서 '피가 만들어 낸
대나무'라는 뜻의 '혈죽(血竹)'이라
는 표현이 널리 퍼지게 됩니다. 이
를 바탕으로 개화기 최초의 시조로
평가받는 사동우 대구여사의 '혈죽
가'와 양기훈, 안중식이 그린 '혈죽
도' 등 유명 화가의 작품이 나왔습
니다. 민영환이 1898년 세운 흥화
학교 학생들은 교표 자체를 혈죽으
로 바꾸었습니다.

혈죽 사진　　　　　출처: 독립기념관

또 『유년필독』, 『초등대한역사』 등 어린이들을 가르치는 교과서에
도 혈죽도 그림과 민영환 선생의 이야기가 실리면서 그는 충의와 절
개의 상징이 되었습니다. 전국에서 유생들이 찾아와 혈죽을 보고 대
성통곡을 하였지요. 우리나라 최초로 미국에서 언론학을 전공한 김
동성은 직접 개성에서 걸어서 계동의 민영환 선생 댁을 방문합니다.
그 후, 김동성은 우리나라 역사상 최초의 탐방 기사인 "나는 민영환
의 혈죽(血竹)을 직접 보았다"는 기사를 썼습니다.

대한구락부에서는 일본인 사진사 키쿠다 마코토를 시켜서 1906년
7월 15일 혈죽 사진을 촬영했습니다. 장사에 밝은 키쿠다 마코토 사
진관은 이 사진과 민영환 사진을 함께 넣고 사진관 압인까지 넣어 팔
기도 했는데, 그 사진이 지금도 독립기념관에 남아 있습니다.

혈죽으로 세상이 비분강개하며 들끓자 일제는 조작인지를 조사한
다면서 방의 마루를 뜯고 마루 밑 땅까지 판 뒤에 대나무를 뽑아 버
렸습니다. 이에 민영환의 부인, 박수영 여사는 몰래 대나무의 잎을
따서 폭 8cm, 길이 50cm 정도의 오동나무 함에 넣고 자줏빛 보자기
로 감싸 깊이 보관해 두었습니다. 그 후 해방이 되고 민영환의 손자
로 고려대 교수를 역임한 민병기는 1962년 이것을 고려대 박물관에
기증했습니다.

한편 동학농민운동을 일으킨 녹두장군 전봉준은 민영환 등을 대
표적인 탐관오리라고 지적하기도 했습니다. 민영환의 친부 민겸호를
비롯하여 여흥 민씨의 부패가 극에 달하던 시기라서 그도 연루될 수
있었을 것입니다. 하지만 군부대신 민영환이 군인들을 따뜻하게 돌
보아 준 미담들이 「독립신문」에 실리고, 『대한계년사』를 지은 정교는

당시 인민들이 가장 신임하는 대신은 민영환과 한규설뿐이었다고 기록했습니다.

탐관오리 연루설이 있다 해도 나라를 위해 소중한 목숨을 내놓은 그의 충절을 가릴 수는 없습니다. 글의 마지막으로『유년필독』에 실려 아이에서 어른까지 널리 불리었던 '혈죽가' 일부를 소개하며 민영환의 나라 사랑에 무한한 존경을 보냅니다.

슬프도다, 슬프도다./우리 국민 슬프도다.

저버렸네, 저버렸네./민충정(閔忠正)을 저버렸네.

한칼로 순국하던/정충대절(精忠大節) 그 영혼.

구원명명(九原冥冥) 저 가운데/우리 국민 굽어보네.

의열단 첫 거사의 성공 주역이
생의 끝에 쓴 편지

어제 나가사키에 무사히 도착했습니다. …많은 수익을 걷을 수 있을 것 같습니다만 그대의 모습은 다시는 보기 어려울 것 같습니다.

_의열단의 거사를 처음으로 성공시킨 박재혁의 마지막 편지

일제 강점기에 이름만 들어도
우리의 가슴을 떨리게 하는 독립운동 단
체가 있었습니다. 이름하여 '의열단(義烈
團)'. 의열(義烈)이란 '정의로움이 열렬하
다'라는 뜻으로, 의열단은 신흥무관학교
출신들이 참여해 말 그대로 정의롭고 맹
렬한 항일 무장 투쟁을 한 단체입니다.

약산 김원봉

　1919년 11월 9일 만주 지린성 파호문
밖 중국인 반모 씨의 집에 눈빛이 예사롭지 않은 조선 청년들 13명이
모여들었습니다. 조국의 독립을 되찾겠다는 투지로 뭉친 애국 청년
13명은 열띤 토의를 벌입니다. 그리고 김원봉(1898~1958)을 의백으
로 추대하고, 강적 일본을 무너트리기 위해 생명을 건 불꽃같은 투쟁
을 하기로 맹세했습니다. '의백'이란 의형제의 맏형을 의미하는 말입
니다.

　의백으로 선출된 약산 김원봉은 경남 밀양 출신으로 상하이로 망
명한 후 예관 신규식 선생이 만든 일제 강점기 최초의 독립운동 단
체인 동제사의 지원을 받아 난징의 금릉 대학에서 수학했습니다. 카
리스마가 넘치고 탁월한 결정력과 지도력을 갖춘 김원봉은 의열단
을 결성할 당시 21세였습니다. 의열단에 가입한 단원은 다음의 공약
10조를 반드시 지켜야 했습니다.

1. 천하의 정의의 일을 맹렬히 실행하기로 한다.
2. 조선의 독립과 세계 만인의 평등을 위하여 신명을 바쳐 희생하기로 한다.
3. 충의의 기백과 희생정신이 확고한 자라야 단원이 될 수 있다.
4. 단의를 우선하고 단원의 의를 급히 한다.
5. 의백 1인을 선출하여 단체를 대표하게 한다.
6. 어떤 시간, 어떤 곳에서든 매일 1차씩 사정을 보고케 한다.
7. 언제 어디서든지 모이도록 요청하면 꼭 응한다.
8. 죽음을 피하지 아니하여 단의에 뜻을 다한다.
9. 일이 구를 위하여 구가 일을 위하여 헌신한다.
10. 단의를 배반한 자는 학살한다.

또한 의열단은 7가살, 5파괴를 투쟁 목표로 삼아 목숨을 건 투쟁을 펼쳤습니다.

7가살(七可殺)
1. 조선 총독 이하 고위 관료
2. 일본군부 수뇌부
3. 대만 총독
4. 매국노
5. 친일파 거두
6. 적의 밀정
7. 반민족적 악덕 지방유지

5파괴(五破壞)

1. 조선총독부

2. 동양척식주식회사

3. 매일신보사

4. 각 경찰서

5. 기타 왜적 중요기관

의열단은 첫 거사로 일제의 주요 기관에 폭탄을 던지는 의거를 계획했습니다. 상하이에서 폭탄 16개와 폭약, 권총과 탄환 등 무기를 곡식 20가마니 속에 숨긴 후 아일랜드인 조지 쇼(George Lewis Shaw, 1880~1943)가 운영하는 이륭양행 소속 기선을 통해 국내에 들여왔습니다. 그리고 의열단의 핵심 단원들인 김원봉과 그의 고모부 황상규, 윤세주의 고향인 밀양을 비롯하여 마산, 진영 등 미곡상(곡식을 판매하는 상인)들의 도움을 받아 숨겨 두었습니다. 곧 황상규를 비롯한 단원들이 서울, 부산, 마산, 밀양 등 각지에서 일시에 투탄 의거를 할 계획이었습니다.

그러나 폭탄이 반입된 사실을 일본 경찰(이후 일경)이 알아채고 맙니다. 결국 황상규 등 단원 20여 명이 붙잡혀 모진 고문을 당했습니다. 이들을 체포한 이는 경기 경찰부 소속으로 악명 높은 친일 경찰 김태석이었습니다. 그는 밀정의 제보를 받아 의열단원들을 추적해 체포했는데, 이때 체포된 윤세주는 징역 7년을 선고받았습니다. 윤세주는 법정에서 "체포되지 않은 우리 동지들이 곳곳에 있으니 반드시 강도 왜적을 섬멸하고 우리의 최후 목적을 도달할 날이 있을 것"이라고 일갈하여 의열단원의 당당한 기백을 보여 주었습니다.

고서 더미 속에 폭탄을 숨긴 상인

동지들의 체포 소식을 접한 김원봉은 주먹을 불끈 쥐었습니다. 형제와 같은 단원들이 겪은 치욕과 고통을 반드시 되갚아 주리라 맹세했습니다. 이때 김원봉의 눈에 들어온 인물이 박재혁 의사(朴載赫, 1895~1921)입니다.

박재혁 의사는 상하이와 싱가포르, 국내를 오가며 장사하는 곡물 무역상이었지만 실은 의열단의 맹렬한 단원이었습니다. 그는 부산 범일동에서 태어나 홀어머니 아래 자란 삼대독자로 의협심이 강하고 조국의 광복을 되찾겠다는 투지가 가득했습니다. 그는 부산공립상업학교(구 부산상고 전신, 현 개성고등학교)를 다니던 때부터 치열한 학창 시절을 보냈습니다. 일본이 국권을 빼앗자마자 박재혁 의사는 당시 의형제를 맺은 최천택, 오택 등과 함께 금서로 지정된 현채 선생의 『동국역사』를 몰래 베껴 학생들에게 배포했지요. 이 일로 동지이자 죽마고우인 최천택이 주동자로 체포되어 10일간 구금을 당했습니다. 이때 박재혁 의사가 체포를 면한 것은 최천택이 심한 고문을 받으면서도 끝까지 함께한 친구들의 이름을 말하지 않았기 때문입니다.

졸업을 앞둔 3학년 때는 부산의 청년 16명과 비밀결사 단체인 '구세단'을 조직했습니다. 구세단은 비밀리에 민족의식과 독립 의지를 일깨우는 단보를 매달 발행해 경남의 청년들에게 나누어 주었습니다. 그러나 이 역시 6개월 만에 조직이 발각되어 박재혁 의사, 오택, 박흥규, 김인태 등이 붙잡히고 말았습니다. 그나마 함께 체포된 오택의 집안이 경제력이 탄탄한 한의사여서 여러 곳에 탄원한 끝에 모진 고문은 당했지만 구세단을 해체한다는 조건 하에 겨우 풀려날 수 있었습니다.

그때는 아직 의열단이 조직되기 전인 1914년이었습니다. 밀양에도 김원봉을 중심으로 밀양 청년들이 모여 "조국 독립을 위해 청춘의 일편단심을 합한다"는 목표를 세운 비밀결사 단체 '일합사'가 은밀히 활동하고 있었습니다.

구세단과 일합사는 의기투합해 경남 일대 청년들에게 독립의 불길을 일으키는 활동을 펼쳤습니다. 그러다 일제의 검거가 눈앞에 닥쳐오자 두 단체의 중심인물들은 중국으로 망명길에 올랐습니다. 이런 인연으로 박재혁은 자연스럽게 김원봉이 이끄는 의열단의 단원이 되었고, 일제 식민통치기관에 폭탄을 던지는 의거의 적임자로 낙점되었습니다.

김원봉은 먼저 싱가포르에 있는 박재혁에게 만나자는 전보를 쳤습니다. 의열단원의 공약 제7조 '어느 때 어느 장소이든지 반드시 부름에 응한다'라는 조항이 있었기에 박재혁은 그 길로 달려가 김원봉을 만났습니다.

김원봉은 그에게 부산으로 가서 악명 높은 부산 경찰서장을 처단하라는 명을 내렸습니다. 그냥 죽이지 말고, 무엇 때문에 누구에 의해 처단되는지를 분명히 깨닫게 하고 죽이라고 말했습니다. 강직한 박재혁 의사는 김원봉의 밀령을 반드시 달성하리라 결심했습니다.

훗날 김원봉은 이 지시가 없었다면 박재혁 의사가 어쩌면 폭탄을 던지고 빠져나올 수 있었을지 모른다며 자책했다고 전합니다.

　박재혁 의사는 상하이에서 김원봉에게서 폭탄과 군자금 300원, 여비 50원을 받고 일본 기선을 타고 일본의 나가사키 항으로 향했습니다. 배 안에서 박재혁 의사는 봉함엽서에 생애 마지막 편지를 적어 동지들에게 보냈습니다. 한문 편지를 번역해 보겠습니다.

　　어제 나가사키에 무사히 도착했습니다. 昨日安着長崎
　　거래 상황이 매우 뜻하는 바와 같으니 商況甚如意
　　이것은 모두 여러분의 염려 덕택인가 봅니다. 此諸君惠念之澤矣
　　초가을 불어오는 서늘한 바람에 秋初凉風
　　마음과 몸이 상쾌해집니다. 心身快活
　　많은 수익을 거둘 수 있을 것 같습니다만 可期許多收益
　　그대의 모습은 다시 볼 수 없을 것 같습니다. … 不可期再見君顔

　　　　　　　　　　　　　　　　　　　　1920년 9월 4일
　　　　　　　　　　　　　　　　　　　와담(臥膽) 배(拜)

　언뜻 보면 장사하는 상인이 동료 상인들에게 보내는 편지같이 보입니다. 이것은 일본 경찰이 거사 내용을 알 수 없도록 암호 같은 내용으로 썼기 때문입니다. 보내는 사람을 '와담'이라고 한 것은 '와신상담'(臥薪嘗膽, 섶에 누워 쓸개를 맛본다는 뜻으로 원수를 갚기 위해 어떤 어려움도 견딘다는 의미)의 처절한 마음으로 거사를 실행에 옮기겠다는 뜻입니다. 김원봉은 박재혁 의사가 다시는 만날 수 없을 것이라고 적은 것을 읽고 가슴이 무척 아팠으나 애써 눈을 질끈 감았습니다.

박재혁 의사는 나가사키에서 시모노세키로 가서 부산에 들어올 예정이었으나 일본 경찰의 감시를 피해 일정을 바꾸었습니다. 먼저 대마도로 간 다음, 대마도에서 부산으로 가는 배를 타기로 했지요. 이사실을 김원봉에게 알리기 위해 봉함엽서 말미에 겉으로 보기에는 칠언절구이지만 우리나라 사람이라면 음으로 뜻을 알게 되는 '열락선타지말고(熱落仙他地末古) 대마도로서간다(對馬島路徐看多)' 이두식한자어를 적어 넣었습니다.

거사 1주일 전인 9월 7일, 박재혁 의사는 고향인 부산에 도착했습니다. 아무것도 모르는 홀어머니와 여동생은 반색하며 박재혁 의사를 반겨 주었습니다. (훗날 박재혁 의사가 순국한 후 모녀는 박재혁 의사가 태어난 생가 183번지를 팔고 범일동 550번지로 이사를 갔습니다. 박재혁 의사가 상하이로 망명하고자 경북 왜관의 친척이며 미곡상인 박국선에게 빌린 700여 원을 갚기 위해서였지요. 그런데 생가와는 전혀 상관없는 부산 범일동 550번지가 2012년부터 '박재혁 거리'로 명명되어 있으니 아쉬울 따름입니다.) 박재혁 의사는 부산 경찰서장 하시모토가 고서 수집가라는 사실을 알아내고, 고서 상인으로 위장하고자 상하이에서 고서를 사서 들여왔습니다.

박재혁 의사가 부산에 나타나자 일본 경찰은 박재혁과 막역한 사이인 오택에게 그가 귀국한 이유를 캐물었습니다. 이에 불안을 느끼던 오택은 잠을 자다 불길한 꿈을 꾸었습니다. 붉은 두루마기를 입은 박재혁 의사가 하늘을 날아다니는데 일본 군경이 불길하다며 총질을 해대는 꿈을 꾼 것입니다.

잠에서 깨어난 후 오택은 박재혁 의사를 만나 왠지 거사가 불길하다고 전했습니다. 허나 박재혁 의사의 결심은 변치 않았습니다. 부산에 온 지 벌써 1주일이 지났고 그동안 일본 경찰의 예비 검속을 두 차례 당한 상황이었습니다. 이미 예의 주시당하고 있기 때문에 더 이상 거사를 미룰 수 없으며 지인이나 친지에게 조금도 피해를 주지 않도록 단독 책임을 지겠다고 했습니다.

박재혁 의사는 홀어머니와 어린 여동생을 오택에게 부탁했습니다. 이날은 거사 하루 전날인 9월 13일로, 아침부터 가을비까지 부슬부슬 내리는 날이었습니다. 박재혁 의사는 오택의 집을 나온 후 가장 절친한 친구 최천택과 용두산 공원에 올라가 부산 경찰서 건물을 사전 답사했습니다.

최천택은 박재혁 의사에게 압록강을 거치면 상하이까지 며칠이 걸리는지 물었습니다. 4일이 걸린다고 말하니 폭탄을 던지고 달아나면 뒷일은 자신이 책임지겠다고 했습니다. 어떤 고문을 당해도 4일 동안 박재혁의 이름을 말하지 않을 테니 그동안 무사히 탈출하라고 하면서 자신은 주범이 아니기 때문에 큰일은 당하지 않을 것이라고 격려했습니다. 그러나 훗날 거사를 치르고 난 후의 상황은 정반대였습니다. 박재혁 의사가 끝까지 단독 거사라고 주장해 최천택 등 관련자들은 쉽게 풀려났던 것입니다. 한편 공원에서 내려오는 길에 두 사람은 성공적인 거사를 다짐하며 마지막 기념 사진을 찍었습니다.

9월 14일 오후 2시 30분경 박재혁은 어눌하지만 분명한 중국말로 중국인 고서적상인 척하며 부산 경찰서장을 면담하는 데 성공합니다. 그는 경찰서장의 책상 위에 고서를 풀어 놓았습니다. 고서를 가져온 궤짝 아래에는 폭탄이 숨겨져 있었습니다. 이 책, 저 책을 부산 서장에게 보여 주던 박재혁 의사는 고서 아래에 둔 의열단의 전단을 꺼내서 서장에게 내보였습니다. 그는 유창한 일본어로 자신이 의열단원임을 밝히고 동지를 잡아 고통에 빠트리고 의열단의 계획을 실패로 끝나게 했기 때문에 처단한다고 당당히 밝혔습니다. 그리고 바로 김원봉에게서 받은 폭탄과 자살용으로 받은 폭탄까지 2개를 함께 터트렸습니다.

서장은 그 자리에서 피투성이가 되어 쓰러져 병원에 옮기던 중 세상을 떠납니다. 서장 옆에 서 있던 일본 경찰 두 명도 중상을 입었습니다. 박재혁 의사도 오른쪽 무릎에 폭탄 파편이 박히는 큰 부상을 입고 그 자리에서 체포되었습니다. 거사 직후 박재혁 의사가 탈출할 시간을 벌어 주기로 했던 최천택은 폭음이 난 후에도 박재혁 의사가 한동안 나오지 않자 실패했다고 생각해 일단 몸을 피했습니다.

일본 경찰은 조금이라도 의심스러운 조선 청년들을 가차 없이 잡아들였습니다. 이 과정에서 최천택, 오택, 친구이며 동지인 김영주가 혹독한 심문을 받게 되었습니다. 최천택은 부산 경찰서 유치장에, 박재혁 의사는 부산 부립 병원에서 삼엄한 경계 속에 부상을 치료받고 있었습니다.

그러던 어느 날 부산 경찰서 유치장 사환이 점심을 가져오면서 슬쩍 최천택 앞으로 붓대를 떨어트렸습니다. 최천택이 얼른 붓대 안을 보니 박재혁이 쓴 낯익은 글씨가 적혀 있었습니다.

천택, 고생이 심하구나. 너희는 모른다고 해라. 모든 것은 내가 책임진다.

박재혁 의사가 있던 부립 병원에서 마침 간호사 친구의 동생이 부산 경찰서 사환이어서 동포애에 힘입어 연락을 취할 수 있었던 것입니다.

박재혁 의사는 부산 지방법원 제1심에서 사형을 선고받았습니다. 2심인 대구복심 법원에서 무기 징역형으로 감형되었지만 다시 경성 고등법원에서 사형이 확정되었습니다. 박재혁 의사가 굳게 입을 다문 덕분에 일찍 풀려난 최천택은 사형이 확정되어 대구 형무소에서 복역하는 박 의사를 면회하러 갔습니다. 그때 박재혁 의사는 유언과도 같은 말을 남겼습니다.

"내 뜻을 다 이루었으니 지금 죽어도 아무 한이 없다."

최천택은 1921년 5월 5일 박재혁 의사를 면회했습니다. 이때만 해도 이것이 생의 마지막 만남일 줄은 꿈에도 몰랐습니다. 친구를 위해

부산일보 호외(1920.9.14)-의열단 박재혁 의거   출처: 독립기념관

당시 죄수들이 몸을 추스르는 데 최고의 음식이었던 삶은 달걀을 싸 가지고 갔으나 박재혁 의사는 단식 투쟁으로 이를 거부했습니다.

그 면회를 다녀온 지 일주일도 안 된 1921년 5월 11일 최천택은 청천벽력 같은 소식을 들었습니다. 단식으로 숨진 박재혁의 시신을 인도해 가라는 소식이었습니다. 그는 눈물을 흘리며 박재혁의 시신을 수습해 부산으로 운구해 고향에서 장례를 치러 주었습니다. 일제는 장례에 남자 둘, 여자 셋만 참석할 수 있게 했습니다. 그마저도 삼엄한 경계 속에 진행하게 했습니다.

일제는 단식으로 순국한 박재혁 의사를 폐병으로 숨을 거두었다고 발표했습니다. 부산 고관 역에 박재혁 의사의 유해가 도착하자 이를 애도하고자 길가에 모인 시민들도 흩어지게 했습니다. 홀로 삯바느질을 해서 키운 삼대독자를 하루아침에 잃은 박재혁의 어머니는 차가운 시신이 되어 돌아온 아들을 보고 억장이 무너져 통곡했습니다.

박재혁 의사가 이루어 낸 투탄 의거에 힘입어 1926년까지 수많은 의열단원들은 목숨을 건 투쟁을 펼쳤습니다. 일제는 일제 강점기에 백범 김구 선생에게는 현상금 60만 원을 내걸었지만, 약산 김원봉에게는 100만 원을 걸었다고 합니다. 이것은 현재 화폐로 320억 원에 해당하는 큰돈입니다. 이를 통해 의열단이 얼마나 일제의 간담을 서늘케 한 항일 투쟁 단체인지를 알 수 있습니다. 그 신호탄은 바로 박재혁 의사의 의거부터 시작되었음을 생각해 보면 그가 남긴 편지 글귀가 더욱 숙연하게 다가옵니다.

그날, 거사를 앞두고
윤봉길 의사가 두 아들에게
남긴 편지

너희도 만일 피가 있고 뼈가 있다면 반드시 조선을 위해 용
감한 투사가 되어라. 태극의 깃발을 높이 드날리고 나의 빈
무덤 앞에 찾아와 한 잔 술을 부어 놓으라.

－윤봉길이 거사를 앞두고 두 아들에게 쓴 편지

1932년 4월 29일 오전 11시 45분,
상하이 훙커우 공원에 있는 일본의 천장절 및 상해(이후 상하이로 씀)
점령 전승기념식장. 일본 국가인 기미가요가 끝나갈 무렵, "쾅!" 하
는 천지를 진동케 하는 폭음이 울려 퍼졌습니다. 순식간에 단상 위에
있던 일본을 대표하는 인사들이 피범벅이 되어 쓰러졌습니다.

　상하이 일본군 파견 총사령관 시라카와 대장과 카와바다 거류민
단장은 목숨을 잃었고, 제3함대 사령관인 노무라 중장은 실명했으며,
제9사단장 우에다 중장은 다리를 절단하는 중상을 입었습니다. 무라
이 총영사, 토모노 거류민단 서기장 등도 크게 다쳤고 주중 공사 시
게미쓰는 절름발이가 되어 평생 지팡이를 짚고 살아야 했습니다.

　중국 신문 「시보(時報)」의 1932년 4월 30일자 보도에 따르면 행사
장에는 헌병대가 앞장을 서고 보병, 기병, 마포대, 기관총부대, 치중
대, 야포대, 수송대, 중형포대, 고사포대, 장갑부대, 탱크부대, 헌병
대 순으로 입장했다고 합니다. 모두 육군 제14사단 소속으로 총 1만
명에 달했습니다.

　군인들이 모두 입장한 뒤에는 대기하던 교민들이 환호성을 지르며
국기를 흔들며 공원 뒷문을 통해 행사장으로 들어왔습니다. 행사에
참석한 일본인은 군대와 거류민을 합쳐 총 3만여 명으로 집계되었습
니다. 중국인들은 모멸감을 삼키며 자국 영토에서 침략자들이 침략
성공을 자축하는 모습을 바라만 보아야 했습니다.

　일장기와 도시락을 손에 든 입장객은 단상에서 15m 떨어지도록

자리가 배치되었습니다. 무라이 상하이 총영사의 축사가 끝나고 기미가요가 2절까지 연주되었습니다. 일본인들은 경건한 마음으로 국가를 열창했습니다. 단상을 호위하는 기마부대도 경계를 늦추고 단상을 향하고 있었습니다.

이 틈을 타 한 젊은이가 입장객 대열을 헤치고 나왔습니다. 그리고 순식간에 물통 폭탄의 안전핀을 뽑고 단상을 향해 힘껏 던졌습니다. 청년은 도시락 모양의 폭탄과 물통 모양의 폭탄 두 개를 준비했는데 둘 다 던질 시간은 없었고 물통 폭탄은 줄이 있어 던지기가 쉬워 그것을 던졌습니다.

이 젊은이가 백범 김구(1876~1949)가 조직한 한인 애국단 소속의 매헌 윤봉길 의사(尹奉吉, 1908~1932)입니다. 윤봉길 의거가 대성공을 거두자 패배 의식에 젖어 있던 중국 본토는 축제 분위기가 되었습

중국 상하이 훙커우 공원에서 윤봉길 의사의 폭탄 투하 이후 군중들이 동요하는 모습의 사진

니다. 특히 중국을 이끌던 장제스 총통은 "중국의 백만 대군도 못한 일을 일개 조선 청년이 해냈다"고 격찬했습니다. 또한 백범 김구 선생과 만나 대한민국 임시정부를 전폭적으로 지지할 것을 약속했습니다. 그리고 중국 육군중앙군관학교와 낙양군관학교에 한인 특별반을 설치하는 등 한국의 독립운동을 적극적으로 지원하기 시작했습니다.

중국인들이 한국인을 냉대하던 모습도 크게 달라졌습니다. 윤봉길 의거가 성공한 후 중국인들의 태도가 어떻게 달라졌는지는 임시정부의 안살림을 도맡았던 정정화 여사의 수기『장강일기』에도 나타나 있습니다.

우리를 냉대하던 중국인 이웃들은 금방 우리가 모두 의거에 관련되거나 한 것 같이 인사를 하고 고마워했다. 참으로 통쾌한 일이다.

_정정화 저, 『장강일기』에서

백만 대군도 못한 일을 홀로 해낸 25세 청년

그렇다면, 거사 후 윤봉길 의사는 어떻게 되었을까요? 중국 신문인 「대만보(大晚報)」의 1932년 4월 30일 기사에 상세히 나와 있습니다.

…사령대 부근에 있던 관중들이 난폭하게 범인으로 추정되는 사람을 제압하여 땅바닥에 내동댕이치는 모습이 보였다. 군중은 그 사람의 옷을 찢고 발로 차며 마침내 얼굴을 피투성이로 만들어 버렸

다. 일본 헌병대가 군중 사이에서 그를 끌어냈을 때는 얼굴부터 허리까지 선혈이 낭자한 모습이었다. 옷소매 사이로도 연신 피가 흘러나오고 있었다. 비록 중상을 입었지만, 그의 얼굴에는 때때로 냉소가 흘러나왔다.

큰일을 하고도 침착하게 냉소를 흘리며 붙들려 간 윤봉길 선생은 당시 25세였습니다. 부모님이 모두 살아 계시고 10년 전 1922년에 혼인한 한 살 연상의 아내와 어린 두 아들이 있었습니다.

윤봉길 의사의 호는 '매헌'입니다. 그의 호는 매죽헌 성삼문을 존경해 지은 것입니다. 두 사람은 닮은꼴입니다. 매죽헌의 '불사이군'(不事二君, 두 임금을 섬기지 않음)의 절개는 매헌의 독립 투쟁에 이어져 역사에 한 획을 그었습니다.

거사 이틀 전인 4월 27일 윤봉길 의사는 홍커우 공원을 답사하고 돌아왔습니다. 그런 그에게 백범 김구는 최후를 앞두고 경력과 감상을 써달라고 요청했습니다. 이에 윤봉길 의사는 항상 갖고 다니던 중국제 작은 수첩에 자신의 생을 돌아보는 「자서 약력」을 적었습니다. 「자서 약력」에 따르면 윤봉길 의사는 7세에 사숙에 진학했고 학문을 월등히 잘해 '재동'으로 불렸다고 합니다. 15세 때 벌써 한시를 잘 지어 어른들에게 칭송을 받았습니다. 19세부터 농민 계몽과 농촌 개혁 운동에 적극적으로 뛰어들면서 자신의 집에 야학을 세워 아이들을 가르치고 매년 학예회를 열었습니다.

윤봉길 의사는 교사이자 농촌 계몽 운동가였습니다. 스스로 『농민 독본』 3권을 저술했고 농민 계몽뿐 아니라 농민들에게 민족의 얼과

정신을 불어 넣으려고 애썼습니다. 토산품 애용 운동과 일본 물건을 배척하는 운동도 펼쳤습니다. 또한 농촌 청년들을 모아 월진회를 조직해 회비를 모으고 매달 1차례씩 월례회를 개최하면서 농촌 개혁에 힘썼습니다.

하지만 윤봉길 의사는 수리조합 일본인이 한국인 3명을 죽인 사건을 보며 무언가 크게 깨닫게 됩니다. 그는 1929년 12월 16일자 일기에서 "아! 가엾어라, 이 압박 어느 날 갚을는지"라고 적고 독립을 쟁취하기 위해 고향을 떠나 상하이로 가기로 합니다. 윤봉길 의사는 「자서 약력」에서 그 심정을 이렇게 적었습니다.

사랑스러운 부모 형제와 애처애자(사랑하는 아내와 자식)와 따뜻한 고향산천을 버리고 쓰라린 가슴을 부여잡고 압록강을 건넜다

윤봉길 의사는 1930년 3월 6일 '장부출가 생불환(丈夫出家 生不還, 대장부가 집을 나서 뜻을 이루기 전에는 살아서 돌아오지 않는다.)'을 종이에 남긴 후 고향 충청남도 예산을 떠났습니다. 이때 윤봉길 의사는 22세였습니다.

윤봉길 의사는 1931년 5월 8일에 대한민국 임시정부가 있는 상하이에 도착했습니다. 상하이에 도착하기까지 1년이 늦어진 것은 여비때문이었습니다. 여비가 없어서 일단 월진회 회비로 압록강을 건너 청도까지 온 다음, 일본인의 세탁소에서 1년을 일해 번 돈을 고향으로 송금해 돌려주고 다시 상하이까지 가는 경비를 마련했기 때문입니다. 또한 상하이에 도착해서도 생활비를 마련하기 위해 중국 종품

왼손에 수류탄, 오른손에 권총을 들고 태극기 앞에서 절명사를 가슴에 붙인 채 사진을 찍은 윤봉길

공사의 직공으로 일했습니다. 일하면서 노동자들의 작업 환경과 처우를 개선하기 위한 파업을 주도하다가 해고당하기도 했습니다. 해고 후에는 홍커우 공원 부근에서 채소 장수를 했습니다.

그가 쓴 「자서 약력」에는 상하이 생활 중 도움을 준 임정 요인 6명의 이름도 적었습니다. 가슴 아픈 것은 「자서 약력」 끝에 가족의 이름을 적으면서 '유족 명단'이라고 쓴 것입니다. 자신은 살아 돌아오지 못할 것이니 사랑하는 가족들을 '유족 명단'이라며 쓴 것입니다.

이렇게 윤봉길 의사는 자신의 죽음을 예견하고 있었습니다. 거사 당일 아침 7시, 백범 김구 선생이 찬 낡은 회중시계를 보더니 이렇게 말하였습니다.

"제 시계는 선서식 후에 선생님 말씀에 따라 6원을 주고 산 것입니다. 선생님 시계는 2원짜리이니 나에게 주십시오. 나는 한 시간밖에 소용이 없습니다."

시계를 교환하면서 김구 선생의 눈가가 뜨뜻해졌습니다. 선서식이란 4월 26일 한인 애국단 단원으로 선서한 것을 말합니다. 윤봉길 의사는 태극기 앞에서 한 손에는 수류탄을, 또 한 손에는 총을 들고 선서했습니다. 그의 가슴에는 "나는 적성(赤誠, 정성으로 우러나오는 마음)으로써 조국의 독립과 자유를 회복하기 위해 한인 애국단의 일원이 되어 중국을 침략하는 적의 장교를 도륙하기로 맹세하나이다. ─대한민국 14년 4월 26일 선서인 윤봉길."의 글이 걸려 있었습니다.

거사 장소로 출발할 때 윤봉길 의사는 주머니에 있는 돈을 교통비만 남기고 모두 꺼내어 김구 선생께 드렸습니다. 자신은 더 이상 돈을 쓸 일이 없다는 것이었습니다. 이 내용은 백범 김구 선생이 쓴『백범일지』에서 전하고 있습니다. 김구 선생이 쓴『도왜실기』에서도 윤봉길 의사의 마지막 순간을 세상에 전했습니다.

단지 최후로 군에게 한마디 하고 싶은 말은, 우리의 적은 왜놈뿐이니 오늘 거사를 실행함에 있어서 어디까지나 신중해야 할 것이고, 결코 왜놈 이외의 각국 인사에게 해를 입히지 말라는 것이다. 자, 폭탄 2개를 주니 한 개로는 적장을 거꾸러뜨리고 또 한 개로는 그대의 목숨을 끊으라!

청년이 대답하기를 "삼가 가르침에 따르겠나이다. 바라옵건대 선생께서는 나라를 위해 몸을 삼가시고 끝까지 분투하소서!"

두 사람은 악수를 나누었고 김구 선생은 지하에서 만나자고 하면서 뜨거운 눈물을 하염없이 흘렸다고 합니다.

윤봉길 의사는 망명한 이후 어머니께 편지를 3번 보냈습니다. 그중 1930년 10월 18일 중국 청도에서 보낸「사랑하는 어머니에게 올림」이라는 편지를 읽으면 그가 일제 치하에서 느끼는 분노, 집을 떠나온 동기, 나라의 독립을 되찾기 위한 방책 등을 밝히며 어머니를 위로하고 있습니다. 첫 부분에는 불효를 저지른 아들의 송구한 마음이 여실히 나타나 있습니다.

가을바람에 떨어지는 단풍잎을 바라보며 지난 일을 회고하니 새삼스럽게 세월이 빠른 것을 느끼게 됩니다. 어머니의 하서(下書)를 봉독하오니 구구절절이 훈계하신 말씀 전신에 소름이 끼치고 뼈끝까지 아르르 하여 인정 없는 이놈의 눈에서도 때 아닌 낙숫물이 뚝뚝뚝뚝 그러고는 잠잠히 앉아 지나온 일을 되풀이 생각해 봅니다. 시대 경제 고통은 점점 커가는 반면 우리 가사(家事)는 점점 어려워집니다. 이것이 어느 놈의 행동인가? 나는 여기에서 역경을 밟으려는 결심을 시작(원문은 효시)하게 되었습니다. 두 주먹으로 방바닥을 두드려 가며 항상 혼자 부르짖기를… '우리 청년 시대에는 부모의 사랑보다, 형제의 사랑보다, 처자의 사랑보다도 일층 더 강의(剛毅, 강직하여 굴하지 않음)한 사랑이 있을 것을 각오하였다.' … '나의 강산과 나의 부모를 버리고도 이 길을 떠나간다는 결심이었다.' …그러므로 최후 결론은 저도 역경에 분투하는 몸이라…모든 것을 다 운명에 맡기시고 안심하시기를 복망하옵니다. …

1932년 1월 31일, 윤봉길 의사는 「어머님 전상서」를 생애 마지막으로 보냅니다.

그는 편지로 어머니께 상하이에서 벌어지고 있는 전쟁 양상을 어머니가 잘 이해하시도록 의성어를 사용해 쉽게 쓰면서 놀라거나 염려하지 말라고 당부드렸습니다. 이후 간간이 편지를 올리겠다고 하였으나 이 말은 지켜지지 않았습니다. 그는 3개월 후 거사를 성공시키고 그해 12월 19일 처형되었기 때문입니다.

놀라지 마십시오. 너무나 염려하시지 마십시오.

아세아 하늘에 바야흐로 몽롱한 거먹구름 널리 퍼져 세계 도시인 상해에도 덮히었습니다.

1월 29일 오전 3시부터 어지러워졌습니다. 고요히 잠자던 콜콜콜 풀무 소리는 아, 어이하는 울음소리로 변화하였습니다. 비행기 소리는 우루룽, 대포 소리는 꽝꽝, 기관총 소리는 호도독 호도독 콩 볶았습니다.

이것은 민족의 힘의 발현입니다. 민족의 힘과 힘이 마주치는 소리입니다. …29일 싸움 결과는 일본 비행기 5대가 떨어지고 철갑차는 3대 뺏기고 기관총 몇 대 뺏긴 모양이며, 병대는 800여 명 죽었습니다. …남경 정부는 낙양으로 옮기었고 일본 군대는 구원대가 많이 왔으나 불가불 조석으로 충돌될 모양입니다.

진작 편지는 올리려 하였으나 한편으로는 승리의 결과와 쌍방의 해결을 보고자 하는 마음으로 지금껏 있었으나 쌍방의 해결은 고사하고 점점 험악하여집니다.

이후로 또 간간이 통지 올리겠사오니 너무나 염려 마십시오.…

김구 선생이 거사를 앞두고 경력과 감상을 남기라고 했을 때 윤의사는 당시 3살이었던 큰 아들과 아직 아내 배 속에서 세상 구경을 하지 못하고 있는 윤담에게도 글을 썼습니다. 「강보에 싸인 두 병정에게」라는 제목으로 유언과 같은 편지를 남겼습니다. 전문을 보겠습니다.

강보에 싸인 두 병정에게
—두 아들 모순(模淳)과 담(淡)에게

너희도 만일 피가 있고 뼈가 있다면
반드시 조선을 위해 용감한 투사가 되어라.
태극의 깃발을 높이 드날리고
나의 빈 무덤 앞에 찾아와 한 잔 술을 부어 놓으라.
그리고 너희들은 아비 없음을 슬퍼하지 말아라.
사랑하는 어머니가 있으니 어머니의 교양으로 성공자를
동서양 역사상 보건대 동양으로 문학가 맹자가 있고
서양으로 불란서 혁명가 나폴레옹이 있고
미국의 발명가 에디슨이 있다.
바라건대 너희 어머니는 그의 어머니가 되고
너희들은 그 사람이 되어라.

윤봉길 의사는 아이들이 자신이 없어도 아내의 가르침으로 잘 성장해 주기를 바랬지만, 일제가 원수로 여기는 독립투사 자식의 삶은 수난 그 자체였습니다. 안타깝게도 윤 의사가 얼굴도 보지 못한 막내 아들 담은 복막염에 걸려 제대로 치료도 받지 못하고 9살을 일기로 세상을 떠났습니다. 모순으로 적은 큰 아들 윤종은 암울한 학창 시절을 보냈습니다. 윤 의사의 손녀인 윤주영 씨의 회고에 의하면 윤종은 학교에서 일본인 교사가 아침마다 교단 앞에 불러 놓고 "나는 반역자, 흉악범의 자식입니다."라고 외치게 했으며 심지어는 얼굴에 검정을 칠해 전교를 돌며 놀림감이 되도록 만들었다고 합니다.

체포된 윤봉길 의사는 가혹한 고문 속에 고통받다가 1932년 5월 28일 상해 파견 일본 군법 회의에서 사형을 선고받았습니다. 법정에서도 그는 "이 철권으로 일본을 즉각 타도하려고 상해에 왔다"라고 밝히며 결코 일본인들에게 굴복하지 않았습니다.

일본은 윤봉길 의사를 오사카 육군 형무소를 거쳐 다시 가나자와 육군 형무소로 이송한 후 1932년 12월 19일 미쓰코지야마 서북 골짜기에서 총살형을 집행했습니다. 후에 미간에 총을 맞고 절명한 윤봉길 의사의 사진이 알려져 보는 이의 가슴을 더욱 아프게 했습니다. 일제는 의도적으로 윤봉길 의사의 시신을 쓰레기장에 가까운 길가에 묻어 수많은 일본인이 그 위를 밟고 지나가게 했습니다.

백범 김구 선생은 1945년 11월 환국하자마자 윤봉길 의사 가족을 찾아가 반드시 유해를 찾아오겠다고 약속했습니다. '임시정부 유해 발굴단'을 결성해 각고의 노력 끝에 조국을 위해 희생한 윤봉길, 이봉창, 백정기 세 명의 의사의 유해를 수습해 독립을 맞은 조국으로 모셔왔습니다.

1947년 6월 30일 윤봉길 의사는 온 국민의 애도 속에 국민장을 지낸 후 효창 공원 삼의사 묘역에 안장되었습니다. 거사를 단행한 후 15년 동안 시달렸던 험하고 고된 여정을 끝내고 실로 평화로운 안식을 취하게 된 것입니다.

속고 속이는

역사의 소용돌이 속에

반전을 보여 주는

편지

편지에 담긴
역사 속 인물의
진실 찾기

Part 03

콜럼버스,
기쁨과 복음을 전하려던 탐험가일까,
탐욕스러운 정복자일까?

세상에서 이들보다 선량하고 온순한 사람들은 없을 것입니다. 머지않아 그들을 크리스트교로 개종시키고 에스파냐 왕국의 훌륭한 관습을 익히게 하면 두 분 폐하께서는 크나큰 기쁨을 맛보게 될 것입니다. 세상에 이들보다 더 좋은 사람들도 이곳보다 더 아름다운 곳 또 없을 것입니다. 제가 말씀으로 설명드릴 수 없을 정도로 사람도 많고 땅도 넓습니다.

—콜럼버스가 이사벨 여왕 부처에게 보낸 편지

『콜럼버스 항해록』, 크리스토퍼 콜럼버스 저, 이종훈 역, 서해문집, 2004

10월 12일은 미국이 '콜럼버스의 날'(10월 두 번째 월요일)이라고 부르는 국경일입니다. 그러나 같은 날을 남아메리카에서는 '원주민 저항의 날'로 지정했습니다. '원주민 저항의 날'을 처음 제의한 이는 베네수엘라의 원주민 출신 대통령 차베스입니다. 차베스는 1492년 10월 12일 콜럼버스

콜럼버스

가 아메리카 대륙을 발견하면서 1억 명이던 대륙의 원주민이 150년 뒤에 300만 명으로 줄었다고 맹렬히 비난했습니다. 이렇게나 원주민의 수가 줄어든 까닭은 콜럼버스를 시작으로 아메리카 대륙에 침입한 유럽인들이 원주민을 학살하고 전염병을 퍼뜨렸기 때문입니다.

이러한 평가에 따라 미국에서도 원주민들이 가장 많이 살고 있는 사우스다코타주가 1989년 10월 12일을 '콜럼버스의 날' 대신에 '원주민의 날(Native American Day)'로 지정했습니다. 그 후 여러 주가 '원주민의 날'로 바꾸었지요. 2020년에는 미국 보스턴에서 인종 차별에 성난 시위대가 콜럼버스 동상의 머리를 절단하는 일도 벌어졌습니다.

우리에게는 여전히 대륙을 발견한 위대한 탐험가로 잘 알려진 콜럼버스. 도대체 콜럼버스가 어떤 일을 하였기에 그에 대한 평가가 뒤집혀지고 있는 것일까요?

기쁨과 복음 전파로 가득한 편지의 끝에는 탄압이…

크리스토퍼 콜럼버스(Christopher Columbus, 1451~1506)는 이탈리아 제노바의 평민 가정에서 태어났습니다. 제노바는『동방견문록』이 처음 전해진 곳입니다. 이 책은 일확천금을 꿈꾸는 상인들과 새로운 항로를 찾으려는 탐험가들에게 거의 성서와 같은 책이죠. 베네치아 공화국 출신의 마르코 폴로(1254~1324)는 같은 도시 국가인 제노바와의 전쟁에서 포로로 끌려와 1년 동안 감옥에 갇힙니다. 그때 감방 동료인 루스티켈로 다 피사에게 이야기한 것이 출판된 책인지요.

마르코 폴로는 동방에 가면 향료(후추)가 밀처럼 흔하고 진주를 머리부터 발끝까지 장식하며, 궁전 지붕이 금으로 덮인 지팡구(일본)가 있다고 했습니다. 콜럼버스도 이사벨 여왕의 후원을 얻어 인도로 가는 항로를 개척하는 뱃길에 오를 때『동방견문록』을 갖고 탔습니다. 그가 가진『동방견문록』에는 황금, 향신료, 지팡구 등 직접 적어 넣은 메모가 빼곡했습니다.

파올로 달 포초 토스카넬리

콜럼버스는 고대 알렉산드리아 도시에서 활동했던 수학자이자 지리학자인 프톨레마이오스(83년경~165년경)의『지리학』에 베네치아 상인들이 지명과 지도를 보충한 최신판『지리학』을 신뢰하였습니다. 콜럼버스는 또한 이탈리아의 뛰어난 수학자이며 천문학자인 토스카

넬리(1397~1482)의 지구 구체설 이론
에도 흠뻑 빠져 있었습니다. 토스카넬
리의 말대로 지구는 둥글기 때문에 서
쪽으로만 가면 정향과 후추, 육두구,
계피 등 향신료를 마음껏 얻을 수 있는
인도에 도착하리라 자신했지요.

이사벨 여왕

　콜럼버스는 이 생각을 토스카넬리에
게 편지로 써 보냈고 토스카넬리는 긍
정적인 의견으로 답하며 자신이 포르투갈에 건넨 지도의 사본까지
콜럼버스에게 보냈습니다. 콜럼버스는 토스카넬리의 자료를 더 정교
하게 만들어 1484년 포르투갈의 왕 주앙 2세에게 자신의 항해를 지
원해 줄 것을 요청했습니다.

　하지만 왕의 자문단은 콜럼버스의 요청을 거절했습니다. 콜럼버스
가 인도까지 가는 거리를 너무 짧게 계산했다는 의견이 이유였지요.
집념의 사나이 콜럼버스는 여러 경로를 거쳐 에스파냐를 공동 통치하
던 이사벨 여왕(1451~1504)과 그의 남편인 페르난도(1452~1516) 국
왕을 찾아갔습니다. 하지만 마찬가지로 거절당했습니다.

　좌절을 모르는 콜럼버스는 여러 해 동안 다시 포르투갈, 고향 이탈
리아, 심지어 프랑스까지 지원을 요청하고 다녔습니다. 그리고 콜럼
버스가 처음 에스파냐에 계획안을 제출한 지 7년째 되는 1492년에
모든 것이 한꺼번에 이루어졌습니다.

　1492년 1월 이사벨 여왕 부처는 에스파냐어로 '재정복'을 의미하
는 '레콩키스타(Reconquista)'를 달성해 장장 800여 년 동안 이베리아

반도를 지배하던 그라나다를 멸망시키고 내주었던 땅을 되찾은 것입니다. 독실한 신앙을 지닌 이사벨 여왕은 이제 땅을 되찾았으므로 해외에 더 널리 가톨릭의 복음을 전할 수 있도록 땅을 확보해야겠다고 생각했습니다. 탐험가 콜럼버스는 그러한 여왕의 결심을 이행해 주기에 적합한 인물이었지요.

콜럼버스는 여왕의 후원으로 대망의 출항을 합니다. 그가 이사벨 여왕 부처에게 보낸 첫 편지에는 그 감격의 순간이 잘 나타나 있습니다.

신앙심이 가장 깊은 그리스도 교도이시며, 존귀하고 영명하며 강력한 통치자로서 에스파냐와 해상 제도를 다스리시는 국왕 및 여왕 폐하시여.

올해 1492년, 두 분 폐하께서는 그라나다(Granada) 대도시에서의 전투를 승리로 이끌어 그동안 유럽 땅에 끝까지 남아 있던 무어 왕국(이슬람 왕국을 뜻함)과의 전쟁을 끝내셨습니다. 1월 2일, 우리는 두 분 폐하의 깃발이 그 도시의 요새, 즉 알함브라(Alhambra)에 내걸리는 광경을 보았습니다. 또한 무어 국왕이 성문 밖으로 나와서 두 분 폐하와 왕자 전하의 손에 차례로 입을 맞추는 모습도 보았습니다.

_『콜럼버스 항해록』, 크리스토퍼 콜럼버스 저, 이종훈 역, 서해문집, 2004

드디어 1492년 4월 17일, 이사벨 여왕이 콜럼버스의 조건을 모두 받아들이는 '산타페 협약'을 맺게 됩니다. 협약 내용을 살펴볼까요?

<산타페 협약>

- 콜럼버스는 새로 발견하는 섬과 육지, 바다에서 여왕 다음의 부왕(副王) 겸 총독이 된다.
- 콜럼버스는 그 지역에서 얻어 낸 보물, 기타 모든 이익의 10분의 1을 소유하며, 이 지역에서 이뤄지는 모든 교역의 8분의 1에 해당하는 자본 참여권을 갖는다.
- 콜럼버스는 새로운 영토의 재판권을 집행한다.
- 위 세 사항의 권리와 명예는 콜럼버스 자손 대대에 승계된다.

그러나 실망스럽게도 이사벨 여왕이 지원해 준 배는 50톤 규모의 핀타호와 40톤 규모의 니나호 단 2척뿐이었습니다. 콜럼버스는 팔로스 항구의 핀손 선장과 추가 계약을 맺어 100톤 규모의 산타마리아호까지 총 3척을 마련했습니다. 또 선원이 채워지지 않자 120명 선원 중 1/4을 죄를 사해 주는 조건으로 죄수로 채워 넣었습니다.

1492년 8월 3일 드디어 콜럼버스는 팔로스 항을 떠났습니다. 콜럼버스는 이사벨 여왕 부처에게 첫 편지를 띄워 출항을 알렸습니다.

8월 3일 금요일에 그 항구(팔로스 항)를 떠났습니다. 먼저 두 분 폐하의 영토에 속하는, 대양에 위치한 카나리아 제도(Canary Islands)로 향합니다. 그곳에서 항로를 정하여 인디아스(Indies)에 도착할 때까지 항해한 후, 두 분 폐하의 말씀을 그 지역의 지배자들에게 전달해 따르게 할 계획입니다.

_『콜럼버스 항해록』, 크리스토퍼 콜럼버스 저, 이종훈 역, 서해문집, 2004

'성스러운 구세주'라 불리게 될 새 땅을 만나다, 그러나…

콜럼버스는 카나리아 제도의 라 고메라 섬에 정박하여 고장이 난 핀타호를 수리하고 1492년 9월 6일, 본격적인 항해에 나섭니다. 산타마리아호에 있는 작은 방에서 지내며 콜럼버스는 항해 날짜가 길어질수록 불안에 떠는 선원들을 격려하며 그들의 일거수일투족을 감독했습니다. 그럼에도 선원들의 불만은 늘어만 가고 폭풍우 등 온갖 어려움을 견뎌야 했지요.

항해한 지 20여 일 만에 핀타호의 선장 마르틴 알폰소가 육지를 발견했습니다. 이어서 머리 위로 새들이 날아다니고 칼자국이 난 나무 막대가 물 위에 떠올랐습니다. 육지가 가깝다는 증거들이 보이기 시작한 것입니다.

10월 11일 늦은 밤, 드디어 3척 중 가장 속도가 빠른 핀타호의 선원 로드리고 데 트리아나가 육지를 최초로 발견했습니다. 콜럼버스는 날이 밝자 10월 12일 원주민들이 '과나하니'라고 부르는 서인도 제도의 와틀링 섬에 첫발을 디뎠습니다. 그는 너무나 감격스러운 나머지 이 섬을 '산살바도르(San Salvador, 성스러운 구세주)'로 부릅니다. 콜럼버스는 도착한 곳을 인도라고 생각했습니다. 그래서 원주민을 '인디언'으로 불렀는데 그 잘못된 이름이 지금까지 불리고 있지요. 에스파냐에서 온 유럽인에게는 구세주를 만난 이날이 아메리카 원주민에게는 비극이 시작된 날이 됩니다.

콜럼버스는 원주민을 처음 만난 순간을 이렇게 기록했습니다.

산살바도르에 상륙한 콜럼버스

나는 무장한 선원들과 함께 보트를 타고 해안가로 갔다.… 나는
왕기(王旗)를 꺼내 들었고, 선장들은 제각기 녹색 십자가가 그려진
깃발을 손에 쥐고 있었다. 십자가 양쪽에 F자와 Y자(페르난드와 이
사벨의 첫 이니셜)가 쓰여 있고, 각 글자 위에 왕관이 그려진 이 깃발
들은 내가 각 배에 내걸게 한 것이었다. 해안가에 상륙했다. …나
는 그들에게 모두 있는 자리에서 우리의 주군이신 국왕 및 여왕 폐
하를 위해 이 섬을 점유했다는 사실을 입증하는 유일한 증인이 되
어 달라고 요청했다. …잠시 후, 섬 사람들이 우리 주위로 몰려들
었다.

_『콜럼버스 항해록』, 크리스토퍼 콜럼버스 저, 이종훈 역, 서해문집, 2004

이미 이 대륙에는 원주민이 살고 있으면서 아즈텍 문명, 마야 문

명, 잉카 문명을 화려하게 꽃피우고 있었습니다. 또 콜럼버스 이전에 아메리카 대륙을 다녀간 사람들도 있습니다. 고대에는 페니키아인들이, 특히 콜럼버스가 도착하기 수백 년 전에는 바이킹 중 노르웨이인들이 와서 수십 명에서 수백 명 정도가 2년 동안 거주하며 나무를 수출했습니다.

그런데도 고작 100여 명이 중무장을 하고 와서는 섬을 점유했다고 선언한 것입니다. 이 섬에 살고 있는 원주민은 무기가 무엇인지도 모르는 매우 순한 사람들이었습니다. 콜럼버스가 남긴 기록을 통해 잘 알 수 있습니다.

우리에게 친근감을 갖기를 바라면서, 나는 그들 중 몇 사람에게 챙 없는 붉은색 모자, 목걸이를 만들 수 있는 유리구슬, 조금 값어치가 있는 몇 가지 물건들을 주었다. 그러자 그들은 믿을 수 없을 정도로 기뻐하면서 열정적으로 우리를 환영했다. 나중에 그들은 앵무새, 무명실 타래, 투창, 그 외에 많은 물건을 가지고 우리의 보트가 있는 곳까지 헤엄쳐 왔다.

…얼굴에만 색칠한 사람이 있는가 하면, 온몸에 색칠한 사람도 있었고, 눈이나 코에만 색칠한 사람도 있었다. 그들은 무기를 지니고 있지 않았다. 더욱 놀라운 것은 그것이 무엇인지도 모른다는 사실이다. 내가 그들에게 칼을 보여 주었을 때 아무것도 모른 채 칼날 쪽을 잡았다가 손을 베기도 했다.

_『콜럼버스 항해록』, 크리스토퍼 콜럼버스 저, 이종훈 역, 서해문집, 2004

콜럼버스는 서인도 제도에 머무르는 동안에 쿠바 섬, 히스파니올라 섬을 발견하고, 흥분하며 이사벨 여왕 부처에게 아래와 같은 편지를 보냈습니다.

두 분 폐하, 이 땅의 아름다움은 너무나 대단합니다.… 이 아름다움을 두 분 폐하께 설명하려고 아무리 노력해도 모든 진실을 말로 하기에는 제 혀가 너무 짧고 기록하기에는 제 손에 모자랍니다.…이곳에서 얻게 될 이익에 대해서는 언급하지 않겠습니다. 두 분 폐하 이 땅에는 가치 있는 것들이 엄청나게 많다고 확언합니다. …지금까지 제가 발견하고, 앞으로 귀국하기 전까지 발견할 모든 지역과 그리스도교 세계가 거래할 경우 에스파냐는 이 모든 지역을 지배하면서 다른 나라보다 더 활발하게 거래할 수 있을 것입니다. ...두 분 폐하께서는 그리스도교도 이외에는 어느 누구도 여기에 오지 못하도록 조치하셔야 합니다.

- 1492년 11월 27일 쓴 편지

_『콜럼버스 항해록』, 크리스토퍼 콜럼버스 저, 이종훈 역, 서해문집, 2004

탐욕스러운 정복자와 열정적인 탐험가, 그의 진짜 얼굴은?

콜럼버스는 1493년 1월 4일 선원 39명을 에스파니올라 섬(현재는 히스파니올라(Hispaniola) 섬이라고 함.)에 남겨 놓고 귀환 길에 올랐습니다. 그의 배에는 건장한 인디오 6명과 앵무새, 고구마와 마, 야자수 그리고 그토록 원하던 후추 등의 향신료와 금 장신구가 실려 있었습니다.

바르셀로나에서 콜럼버스는 이사벨 여왕 부처를 비롯한 귀족들, 시민들에게 열렬히 환영받고 협약대로 부왕이자 제독에 임명되었습니다. 그는 인도에서 금광과 사금을 어렵지 않게 찾을 수 있다고 거짓말하여 사람들을 흥분시켰습니다. 그가 데려온 화려한 채색을 한 인디오들은 바르셀로나 광장에서 동물원의 동물처럼 구경거리가 되었습니다.

1493년 9월 24일 콜럼버스는 이사벨 여왕의 전폭적인 지원을 받고 카디스 항에서 배 17척을 끌고 2차 항해에 나섰습니다. 1,500여 명의 대선단에는 대포를 소지한 기병대와 선교사 12명, 공격용 개까지 있었습니다. 수십 일을 항해해 도착했으나 남겨 둔 선원들은 여성을 탐내고 노략질을 일삼다가 원주민들에게 모두 죽음을 당한 상태였습니다.

이때부터 콜럼버스의 탐욕과 폭력이 본격적으로 드러납니다. 섬에서 최초의 에스파냐 식민 도시 이름을 '이사벨 시'로 정하고, 원주민을 무지막지하게 착취합니다. 원주민들에게 인간의 한계를 뛰어넘는 중노동을 시켜 금과 목화를 바치게 하고, 목표량을 채우지 못하면 손목을 자르거나 코와 귀를 베어 버렸습니다. 2000년대에 밝혀진 자료에는 콜럼버스를 하층민 출신이라고 말한 원주민 여성의 혀를 잘라 버린 기록도 있습니다.

또한 배에 싣고 온 사탕수수 묘목을 원주민들에게 강제로 심게 하여 재배했습니다. 총독의 권한으로 13세 이상 원주민 남성들은 동이

광산 할당량을 채우지 못한 원주민을 학대하는 콜롬버스의 병사들

나 구리 징표를 목에 달고 다니게 했는데, 이 징표를 단 원주민의 목숨은 3개월 정도만 보장되었습니다. 노예 제도를 만들어 이들이 금을 바치게 했지요.

　그뿐만이 아닙니다. 콜럼버스는 유럽에서 온 군인에게 원주민 여성을 성 노리개로 제공했습니다. 1495년에는 노예 사냥으로 타이노족 원주민 1,500여 명을 붙잡은 후 이 가운데 신체 조건이 최상인 원주민 500명을 유럽에 데려갑니다. 가는 도중에 200여 명은 배에서 죽었고, 생존자는 노예로 팔아 버렸습니다.

　원주민들의 비극은 거기서 그치지 않았습니다. 그들은 오랜 세월 문명 세계와 단절되어 살아오면서 세균과 바이러스에 대한 면역력이 없었습니다. 그래서 콜럼버스 원정대가 가져온 천연두와 홍역, 매독균에 감염되어 수많은 사람들이 죽고 맙니다.

처음 콜럼버스가 만났던 아라와크 족은 콜럼버스가 도착했을 때 바하마 제도에 약 25만 명이 살고 있었습니다. 그러나 핍박받고 도망가도 개를 풀어 잡아내어 목을 매달거나 불태워 죽임을 당하자 마을 사람들이 독약을 먹고 집단 자살을 하기에 이릅니다. 결국 100여 년이 지나면서 생존자가 없이 그저 그런 부족이 살았다는 기록만 남았습니다.

콜럼버스의 잔학한 행위를 들은 이사벨 여왕 부처는 1496년 그를 소환하여 엄중히 조사를 합니다. 하지만 콜럼버스의 성과를 내심 기대하고 있었기에 여왕은 1497년에 콜럼버스에게 일단 무혐의 처분을 내립니다. 그리고 배 8척을 주어 3차 항해를 떠나도록 했지요. 이후 그가 별 소득이 없자 1500년 총독에서 해임시키고 콜럼버스와 두 동생까지 족쇄를 채워 강제 소환합니다.

새롭게 얻은 땅에 그리스도교의 사랑이 널리 퍼지길 바랐던 이사벨 여왕은 콜럼버스의 만행에 몹시 노여워합니다. 하지만 이번에도 콜럼버스는 가까스로 이사벨 여왕의 노여움을 가라앉히고 1502년 생애 마지막 원정인 4번째 탐사를 떠나게 됩니다.

이번 원정대는 140여 명의 선단과 배 4척으로 꾸려졌습니다. 하지만 도착 직전에 폭풍우를 만나 좌초하는 바람에 카누 2척을 타고 간신히 구조됩니다. 1504년 에스파냐로 귀환했을 때는 빈손에 초라한 행색이었지요.

사람들은 콜럼버스를 모기 같은 피만 빨아먹는 쓸모없는 제독이라

하여 '모기 제독(Admiral of Mosquitoes)'이라고 불렀습니다. 이 가운데 이사벨 여왕이 1504년 11월 26일 병으로 눈을 감았습니다. 이사벨 여왕이 죽은 후 페르난도 왕은 자신을 지원해 달라는 콜럼버스의 청원을 매몰차게 물리칩니다. 결국 콜럼버스는 몰락하여 영광도, 명예도, 부도 모두 잃은 채 1506년 5월 21일 바야돌리드에서 쓸쓸히 생을 마쳤습니다.

링컨,
그는 노예 해방을 위해 싸운 영웅일까,
연방을 지킨 파수꾼일까?

이 싸움의 최고 목적은 연방을 구하는 것이지 노예제도를 구원하는 것도, 부수는 것도 아닙니다. 만약 단 한 사람의 노예를 자유롭지 않게 하고도 연방을 구할 수 있다면, 나는 그렇게 할 것입니다.

_에이브러햄 링컨의 두 얼굴을 보여 주는 편지

미국의 수도 워싱턴에는
미국 초대 대통령 조지 워싱턴을 기념하여 세운 워싱턴 기념탑과 마주 보는 거대한 링컨 기념관이 있습니다. 매일 같이 전국에서 어린이들이 방문하고 해외 관광객들도 꼭 들르는 곳입니다. 링컨 대통령이 노예 해방 선언을 발표한 지 꼭 100년째 되는 해인 1963년 8월 28일,

에이브러햄 링컨

침례교 목사이자 흑인 인권 운동가 마틴 루서 킹이 이곳에서 "나는 꿈이 있습니다."라는 연설을 했습니다.

"나에게는 꿈이 있습니다. 조지아주의 붉은 언덕에서 노예의 후손들과 노예 주인의 후손들이 형제처럼 손을 맞잡고 나란히 앉게 되는 꿈입니다. …나에게는 꿈이 있습니다. 내 아이들이 피부색을 기준으로 사람을 평가하지 않고 인격을 기준으로 사람을 평가하는 나라에서 살게 되는 꿈입니다. 지금 나에게는 그 꿈이 있습니다!"

마틴 루서 킹 목사가 이곳에서 연설한 이유는 링컨 대통령이 미국 노예 해방의 상징적인 인물이기 때문입니다. 미국의 제16대 대통령 에이브러햄 링컨(Abraham Lincoln, 1809~1865)은 미국의 내전인 남북 전쟁 중 노예 해방 선언을 함으로써 흑인들에게 자유를 선사합니다. 링컨의 이 위대한 결정은 미국이 남북으로 분열되는 것을 막고 세계를 이끄는 강대국으로 성장하는 원동력을 만들었지요. 이러한

업적 덕분에 링컨은 전 세계 청소년들에게도 존경받고 있습니다. 링컨은 인권의 그늘에서 인간다운 삶을 살지 못한 흑인들을 밝은 세상으로 이끌어 낸 인물로 명성이 자자합니다. 심지어 미국 어린이들은 링컨 대통령이 태어난 통나무집을 만들어 보는 키트를 가지고 놀 만큼 전설적인 인물로 알려져 있습니다.

링컨은 정말 노예 폐지론자일까?

링컨이 흑인을 향한 인종 차별이 잘못되었다고 생각하게 된 것은 아버지의 영향이 컸습니다. 그의 아버지 토머스 링컨은 영국에서 건너온 가난한 이주민의 후손이었습니다. 링컨이 태어난 그 유명한 통나무집이 있는 켄터키주에서 농장을 일구어 남부럽지 않게 살 수 있었습니다. 그러나 링컨이 7살 때 아버지 토머스는 토지 분쟁에 휘말려 농장의 토지를 거의 잃고 인디애나주로 이사를 갔습니다.

링컨은 너무 가난하여 정규 교육을 받지 못했습니다. 그럼에도 책한 권을 빌리고자 수 킬로미터를 걸어 다닐 정도로 독서에 열중했습니다. 가게 점원으로 일하며 고단한 하루를 보내면서도 항상 책을 가지고 다닌 성실한 청년이었지요. 청년이 된 링컨은 변호사 공부에 몰두해 단 2년 만에 변호사 시험에 합격합니다. 링컨의 생애는 그야말로 인간 승리의 산 증인이라고 할 수 있습니다. 변호사가 된 후에도 파산, 약혼자의 죽음, 거듭된 낙선 등 수많은 실패와 좌절, 비탄을 겪었는데도 오뚜기처럼 일어나 마침내 미국의 16대 대통령에 당선되었으니까요.

링컨은 1841년 증기선을 탔다가 노예 10~12명이 모두 철사로 묶여 있는 모습을 보고 큰 충격을 받았습니다. 내내 그 비인간적인 장면을 잊지 않았지요. 1852년 출간된 스토우 부인의 『톰 아저씨의 오두막(Uncle Tom's Cabin)』이 30만 부가 팔리는 베스트셀러가 되며 노예 폐지론의 광풍이 불 때 링컨은 이런 소견을 밝혔습니다.

『톰 아저씨의 오두막』 초판 표지

"나는 노예제가 그 자체로 가공할 만한 불의이기 때문에 그것을 증오합니다. 나는 노예제로 인해 우리의 공화적 규범이 전 세계에 정당한 영향력을 미치지 못하게 되고, 자유로운 제도의 적들이 우리를 위선자라고 비웃을 빌미를 주기 때문에 그것을 증오합니다."

이런 일화들을 보면 우리는 링컨이 노예 폐지론자라고 생각하게 됩니다. 그런데 과연 '정직한 에이브'라는 별명을 가진 링컨이 진정한 노예제도 폐지론자였을까요? 우리가 역사적 위인에 대해 공부할 때는 이면의 사실을 알아보려는 노력이 필요합니다. 그래야 제대로 된 역사를 보는 진정한 눈이 길러질 테니까요.

미국 독립 선언서를 작성한 토머스 제퍼슨(1743~1826)의 예를 들어 볼까요. 그는 미국 독립 선언서에 천부인권론과 함께 삶, 자유, 행복의 추구권을 드러낸 인물입니다. 하지만 여기서 그가 말하는 권리는 백인에 한했습니다. 토머스는 담배 농장을 운영하고자 노예를

175명이나 소유했지요. 그는 1787년 발표된 「버지니아주에 대한 소고」에서 '노예 제도는 주인을 군주로 만들고 노예의 영혼을 파괴했다.'라고 노예 제도를 비판했지만 결국은 '노예가 해방돼야 한다는 사실은 너무도 명백한 이치이지만 백인과 흑인이 한 정부 아래서 동등한 자유를 누리며 살 수는 없을 것'이라고 결론을 내렸습니다.

그러한 예는 무수히 많습니다. 미국 초대 대통령인 워싱턴도 노예를 거느린 농장주였고, 심지어 미국 독립 혁명에서 "자유가 아니면 죽음을 달라"고 부르짖은 지도자 패트릭 헨리는 노예가 영국군에 도망가서 자유민으로 전쟁에 참여하지 못하도록 감시하며, 죽을 때까지 단 한 명도 노예들을 해방시키지 않았습니다.

1619년 버지니아주의 제임스타운에서 미국 최초로 사들인 노예의 수는 20명이었습니다. 그랬던 노예 수가 1860년대 남북 전쟁 시기에 400만 명까지 늘어났습니다. 이렇게 노예가 늘어난 요인은 남부에서 땅을 황폐하게 만드는 담배 농사 대신에 면화 농사를 시작했기 때문입니다. 1860년 미국의 수출품에서 3분의 2가 바로 면화였습니다. 면화 생산량은 23억 파운드에 달했는데 그 많은 면화를 거두어들이느라 노예들은 혹사를 당했지요.

링컨의 이름이 알려진 것은 1858년 일리노이주 연방 상원의원 선거에서입니다. 링컨은 4년 전인 1854년 상원의원 선거에서 패배당한 스티븐 더글러스 판사와 또 한 번 힘겨운 싸움을 합니다. 이때 링컨이 신생당인 공화당 상원의원 후보가 되며 '분열된 집은 바로 설 수 없다(A house divided against itself, cannot stand.)'라는 연설로 온 나라의 주목을 받았습니다.

1958년 링컨 - 더글라스 논쟁을 기념하는 우표　　출처: U.S. Post Office

　"스스로 분열된 집은 바로 설 수 없습니다. 어떤 주는 노예제를 고집하고 어떤 주는 이를 반대하는 한 우리의 정부는 오래가지 못할 것입니다. 나는 연방이 해체되는 것을 원하지 않습니다. 우리의 집이 분열되는 것을 원하지 않습니다."

　더글러스 판사와 링컨은 전 국민의 이목이 집중된 가운데 7차례에 걸친 대토론을 벌입니다.

　이 토론에서 링컨은 연방 의회 결정으로 주로 승격되기 전인 준주(準 州)에 노예 제도를 금지할 수 있다는 입장을 펼쳤지요. 반면, 더글러스는 노예제 문제는 해당 주의 주민들이 결정해야지 연방 정부가 개입해서는 안 된다고 주장했습니다. 이 토론을 보면 링컨이 노예제 반대주의자일 뿐 노예 폐지론자가 아님이 여실히 드러납니다.

　"저는 백인종과 흑인종 사이에 어떤 식으로든 사회적이고 정치적인 평등을 부여하는 데 찬성하지 않으며, 찬성한 적도 없습니다. 저는 흑인종을 투표인이나 배심원으로 만드는 것, 정권을 가지게 하는 것, 백인들과 결혼하게 하는 것에 찬성하지 않으며, 찬성한 적도 없음을 말씀드립니다. …두 인종이 평등하게 살 수 없는 한, 함께 살고 있는 동안은 우월한 지위와 열등한 지위가 남아 있어야 하며, 저 역시 다른 어떤 사람보다도 백인종에게 우월한 지위를 부여해야 한다는 것에 찬성합니다."

링컨이 1854년~1860년까지 이런 식으로 흑인이 백인보다 열등하다는 견해를 10차례 이상 밝혔습니다. 이것을 계기로 그는 '온건한 노예 반대주의자'라는 타이틀이 붙어 제16대 대통령 선거에서 북부가 내세운 공화당 후보가 되었습니다.

당시 북부는 23개 주에 인구가 2,200만 명이었고 남부는 11개 주에 인구가 900만 명이었는데, 그중 350만 명이 노예여서 남부는 유권자 수에 있어 매우 불리했습니다. 링컨은 18개 자유주에서 압도적인 표를 얻은 반면, 남부의 노예주 중 10주에서는 단 한 표도 얻지 못했습니다. 그럼에도 각 주에서 선거인단을 선출하여 투표하는 미국 선거 제도에서 과반수를 넘는 180명의 선거인단을 확보하여 제16대 대통령에 올랐습니다.

연방을 지킬 수만 있다면 노예는 아무래도 상관없다?

링컨이 당선되자 가장 먼저 남부의 강경파인 사우스캐롤라이나주가 연방을 탈퇴했습니다. 이어서 미시시피주, 플로리다주, 앨라배마주, 조지아주, 루이지애나주와 텍사스주가 그 뒤를 따랐습니다. 당시 남부는 노예가 필요한 농장이 많았고, 노예 찬성론자들이 대부분이었기 때문이지요. 연방을 탈퇴한 주들은 독립 국가를 결성하고 제퍼슨 데이비스(1808~1889)를 대통령으로 뽑았습니다.

링컨은 1861년 3월 4일 취임 연설에서 연방을 탈퇴한 남부 주들을 향해 엄중히 경고했습니다.

"물리적으로 말해서 우리는 분리될 수 없습니다. …불만을 품은 국민 여러분, 내전이라는 중대한 문제는 제 손이 아니라 여러분의 손에 달렸습니다. 정부는 여러분을 공격하지 않을 것입니다. 여러분 스스로가 공격자가 되지 않는 한 전투는 없을 것입니다."

이러한 링컨의 경고를 무시하고 한 달 후인 1861년 4월 12일 새벽 4시 30분 남부 연합군이 연방군의 섬터 요새를 공격합니다. 남부 주

남부 연합군에 의한 섬터 요새의 포격

들이 미국 역사상 가장 비극적인 내란, 즉 남북 전쟁(1861~1865)을 일으킨 것입니다.

남북 전쟁은 단순히 노예제 폐지 때문에 일어난 것은 아닙니다. 당시 남부는 인구가 적지만 국고로 들어오는 세금의 70% 이상을 부담했습니다. 남부가 세금을 많이 내는데도 연방의 모든 지원은 북부의 기간 산업과 철강업, 제조업 등에 향했지요. 산업 사회로 가는 북부에만 편파적으로 지원되고 있어 남부의 불만이 컸습니다.

이에 더해 남부는 자유 무역을 원하는데 북부는 제조품을 보호하기 위해 보호 무역을 원했습니다. 노예제에 반대 입장인 북부 출신의 링컨은 더욱 북부를 위한 경제 정책을 펼칠 테니 남부 주로서는 이런 문제들을 복합적으로 반영해 연방을 탈퇴한 것입니다.

링컨은 남부를 품고 세계로 뻗어가는 강대하고 통합적인 제국으로 나아가고자 마음먹습니다. 그래서 연방의 이름으로 남부 연합을 응징하고 전쟁의 명분을 빌려 무력 진압도 불사하기로 합니다. 이러한 결심이 잘 드러난 링컨의 편지가 있습니다.

이 편지는 당시 「뉴욕 트리뷴(The New York Tribune)」의 주필인 호레이스 그릴리가 쓴 칼럼 '2천 만의 기도(A Prayer of Twenty Millions)'에 답하는 글이었습니다. 이 칼럼은 노예제 폐지에 대해 적극적인 행보를 보이지 않는 링컨 대통령을 공격하고 있었지요. 이에 링컨은 다음과 같은 편지 글을 씁니다.

나는 연방을 구할 것입니다. 헌법 아래에서 가장 빠른 시일 내에 연방을 구할 것입니다. 국가 권위가 빨리 회복될수록 연방은 '예전

처럼 연방'이 될 것입니다.

이 싸움에서 내가 원하는 최대 목표는 바로 연방을 지키는 것이며 노예제를 유지하거나 파괴하는 것이 아닙니다. 만약 그 어떤 노예도 해방시키지 않고 연방을 지킬 수 있다면 그렇게 할 것이고, 모든 노예를 해방시켜서 연방을 지킬 수 있다면 그렇게 할 것이며, 일부는 해방시키고 일부는 내버려 두는 것으로 연방을 지킬 수 있다면 역시 그렇게 할 것입니다.

내가 노예제나 유색 인종에 대해 하는 행동은 그것이 이 연방을 지키는 데 도움이 된다고 믿기 때문에 하는 것이며, 내가 삼가는 행동은 그것이 연방을 지키는 데 도움이 되지 않는다고 생각하기 때문입니다.

…나는 여기서 내 공적 직무에 대한 내 견해에 따라 내 목적을 말했습니다. 모든 사람은 어디서나 자유로울 수 있다는, 내가 자주 표명한 개인적인 소망을 고칠 생각은 조금도 없습니다.

_1862년 8월 22일, 당신의 A. 링컨

링컨 대통령은 전쟁에 임한 건 인간 이하 취급을 받는 흑인의 권리를 위한 것이 아니었습니다. 그에게 노예 해방은 단지 연방을 유지하기 위한 수단일 뿐이었습니다. 남북 전쟁은 꽤 오래 이어집니다. 전쟁이 더 계속된다면 영국이나 프랑스가 개입할 수도 있었지요. 링컨은 흑인의 인권을 위해서가 아니라 전쟁을 빨리 끝내기 위해 '기획적으로' 노예 해방 선언을 합니다. 1863년 1월 1일 링컨의 노예 해방 선언은 흑인들을 북군에 참전시켜 전쟁을 빨리 끝내겠다는 정치 의

도가 들어간 선언이었습니다.

"아칸소주, 텍사스주, 루이지애나주…

이러한 주와 주 안의 특정 지역에서 노예 신분인 모든 사람은 이제부터 자유의 몸이 된다는 것을, 또 육해군 당국을 포함하여 합중국 행정부는 그들의 자유를 인정하고 지켜 주어야 한다는 것을 명령하고 선언한다.

…그리고 본인은 또 적합한 조건을 가진 자는 미국 군대에 편입되어 요새, 진지와 기타 부서에 배치되며, 각종 함선에 배치될 것임을 선언하고 알리는 바이다."

교묘하게도 노예 해방 선언은 북부는 아닌, 남부 주에만 해당되었습니다. 흑인들이 대거 남부를 벗어나 북군에 가담할 것이라는 꼼수가 숨어 있었던 거지요. 실제로 이후 북군에 흑인 노예 18만여 명이 자원입대를 했습니다.

링컨은 노예 해방 선언에 대해서 대단히 만족합니다. 1863년 8월 26일 지인인 일리노이주 스프링필드의 시장인 제임스 콩클링에게 보내는 편지에서 링컨은 속내를 드러냈습니다.

당신은 해방 선언을 싫어합니다. 그리고 아마도 철회했을 것입니다. 당신은 그것이 위헌이라고 말합니다.

나는 다르게 생각합니다. …노예는 재산이라는 것입니다. …전 세계의 군대는 적의 재산을 사용할 수 없을 때 파괴합니다. 그리고 심지어 적에게서 그것을 지키기 위해 그들 자신을 파괴합니다.

…나는 지금까지 우리가 승리한 중요한 전투 중에서 노예 해방 정책으로 흑인들이 참전한 전투가 반란 세력에게 어떤 것보다도 가장 성공적인 결과를 낳았다고 생각합니다. …나는 연방을 구하는 데 도움을 주기 위해 고의로 선언문을 발표했습니다.

…다른 사람들처럼 흑인들은 동기에 따라 행동합니다. 우리가 그들을 위해 아무것도 하지 않는다면 그들이 왜 우리를 위해 어떤 일을 하겠습니까? 그들이 우리를 위해 목숨을 걸고 있다면, 그들은 가장 강력한 동기, 심지어는 자유를 약속해 줌으로써 촉발되어야 합니다. 그리고 약속이 지켜져야 합니다.

노예 해방 선언 이후 국가통수권자로서 링컨은 고민거리가 있었습니다. 400여만 명에 달하는 흑인 노예들이 자유민이 된다면 일자리 문제가 생기고, 자유주와 노예주 사이에 있는 경계주들이 남부 연합에 합류할 수 있다는 것입니다. 링컨의 각료들은 온두라스와 니카라과 등으로 노예들을 집단 이주시키는 계획도 추진했습니다. 그러나 이 계획은 아이티 근처 섬으로 이주해 갔던 453명의 해방 노예들이 전염병과 굶주림에 시달리다가 수십 명이 죽고 나머지는 다시 미국으로 돌아옴으로써 실패로 돌아갔습니다.

드디어 남북 전쟁의 끝이 다가오고 있었습니다. 1863년 7월 최대 격전지였던 펜실베이니아주의 게티스버그 전투에서 북군은 2만여 명, 남부군은 2만 5천여 명이 전사한 가운데 북군이 승리한 것입니다.

그해 11월 19일 링컨 대통령은 게티스버그 묘지의 전사자 추도식

게티스버그 3일차 전투 그림

에서 세계사에 남을 명연설을 했습니다.

"우리는 여기서 우리에게 남겨진 위대한 과제, 즉 명예롭게 죽어간 용사들이 죽음을 두려워하지 않고 헌신한 대의를 위해 우리도 더욱 헌신해야 한다는 것, 그리고 그들의 희생이 헛되지 않도록 우리의 결의를 굳건히 다진다는 것, 하느님의 가호 아래 이 나라가 자유롭게 다시 탄생할 것이며 국민의, 국민에 의한, 국민을 위한 정부는 이 세상에서 결코 사라지지 않으리라는 것을 다짐해야 할 것입니다."

링컨은 1864년 대통령 선거에서 재취임에 성공했습니다. 그리고 1865년 남북 전쟁은 북군 총사령관 그랜트 장군이 남부 연합의 수도 리치먼드를 함락시킴으로써 끝이 납니다. 최근 통계에 의하면 남북

링컨 암살 장면을
그린 그림

전쟁의 재정적 손실은 100억 달러에 이른다고 합니다. 또한 전사자는 70여만 명에 달했는데 제1차 세계 대전(11만 5천여 명)이나 제2차 세계 대전(31만 8천여 명)과 비교했을 때 희생자의 수가 엄청납니다.

강력한 의지로 통합된 연방의 꿈을 이룬 링컨 대통령은 허무하게 숨을 거둡니다. 남부군이 항복한 지 닷새 만인 1865년 4월 14일, 아내와 워싱턴 포드 극장에서 연극을 보던 중 열렬한 남부 지지자인 존 월크스 부스에게 머리를 저격당하고 맙니다.

역사가 중에는 링컨을 '노예 해방의 영웅'으로 평가하기보다 '한 번의 폭력으로 더 많은 폭력과 혼란을 잠재울 수 있다면 군주는 폭력을 택해야 한다'는 『군주론』의 저자 마키아벨리식의 정치인이라며 '마키아벨리스트'로 평가 절하하는 사람도 있습니다. 실제로 남북 전쟁 때 정치적 견해로 투옥된 사람이 3만 8천여 명에 이르렀지요. 만약 이 글을 읽는 독자 여러분이 역사가라면 링컨에 대해 어떤 평가를 내릴 수 있을까요?

옹정제,
철권을 휘두른 냉혹한 통치자일까,
역사상 가장 완벽한 군주일까?

"지방 정치가 잘 운영되고 있는지, 관리가 근면한지, 태만한지, 윗사람은 공평한지 불공평한지, 아랫사람 중에 누가 뛰어나고 누가 모자란지, 군대의 규율은 어떤지 보고하라."

—옹정제가 지방 관리에게 보낸 접갑 속 비밀 편지

『옹정제』, 미야자키 이치사다 저 차혜원 역, 이산, 2001

1735년 음력 8월 22일(10월 8일)

세계에서 가장 큰 궁궐, 자금성에서 일제히 애달픈 통곡 소리가 터져
나왔습니다. 서릿발 같은 정국을 이끌던 청나라 제5대 황제 옹정제
(雍正帝, 1678~1735, 재위 1722~1735)가 갑자기 붕어(崩御, 임금이 세
상을 떠남)하였기 때문입니다. 바로 하루 전인 8월 21일까지도 조례를
열어 대신들과 정국을 논의할 만큼 강건한 황제였기에 사람들은 큰
충격과 슬픔에 휩싸입니다. 병세가 단 이틀 만에 급격히 악화된 데다
가, 무엇보다도 옹정제가 일분일초를 헛되이 보내지 않고 국정을 돌
보느라 과로한 것이기 때문에 사람들은 더욱 안타까워했습니다.

한편에서는 옹정제의 죽음으로 안도의 한숨을 내쉰 자들도 있었습
니다. 옹정제는 밀정과 밀지를 통해 숨 쉴 틈 없이 강하게 모든 권력
을 쥐고 철두철미한 독재 정치를 펼친 황제였기 때문입니다. 그렇기
에 옹정제의 부황인 강희제의 정치와 옹정제의 정치는 극명하게 대
비되었습니다.

청의 제4대 황제 강희제(재위 1661~1722년)는 '천고일제(千古一
帝)'라 하여 천 년에 한 번 나올 만한 성군으로 61년간 통치하면서 선
정을 베풉니다. 유교에서 말하는 관용의 정치를 펼쳤지요. 반면 옹정
제는 단 13년간 숨 막히는 철권통치를 휘두릅니다. 조금이라도 청 황
실을 비난한다면 목을 치고 자손들은 변방으로 내몰아 노비로 살아
가도록 했지요. 옹정제가 피도 눈물도 없이 통치한 배경에는 강희제
가 낳은 34명의 황자들과 치른 팽팽한 권력 다툼이 있습니다.

피 말리는 암투 끝에 오른 황제의 자리

옹정제의 아버지 강희제는 황후 4명, 황귀비 3명, 귀비 3명에다 후궁을 64명 두었습니다. 그들과의 사이에 황자 35명과 황녀 20명을 낳았는데 황자들 중 일찍 눈을 감은 첫 번째 황후 효성인황후 혁사리 씨 소생의 적장자(첩이 아닌 정식 부인이 낳은 맏아들) 윤잉을 가장 아꼈습니다. 강희제는 난산으로 22살에 숨을 거둔 황후에 대한 사랑과 어머니의 사랑 없이 자랄 아들에 대한 애틋함으로 애신각라 윤잉(愛新覺羅 允礽)이 2살이 되었을 때 황태자로 책봉했습니다.

황태자는 어릴 때는 총명하여 4살에 천자문을 읽고 7살에 사서오경을 배웠으며 한어, 만주어, 몽골어에 능통했습니다. 하지만 황태자가 성인이 되자, 강희제를 지는 해라고 여긴 권신들이 권력을 잡기 위해 황태자를 부추기기 시작했습니다.

강산이 황태자의 것이 될 거라며 교만하고 절제를 하지 못하는 오만방자한 성격이 되도록 바람을 넣은 것입니다. 황태자는 궁녀를 간음하거나 어린 소년들을 동궁으로 불러들여 엽기적인 행동을 서슴지 않았습니다.

황태자보다 나이가 위인 제14황자 윤제와 제8황자 윤사를 은밀히 지지하는 도당들은 의도적으로 황

강희제의 초상화

태자에 대한 악의적 소문을 널리 퍼트렸습니다. 그 소문은 강희제 귀까지 들어갔습니다. 강희제는 1황자와 8황자를 구금시켜 황자들의 권력 투쟁을 막았습니다. 또한 황태자를 조종하면서 강희제에 대한 암살을 꾀한 윤잉의 외종조부이자 효성인황후의 숙부인 송고투(만주어 발음, 한자로는 索額圖, 색액도)를 잡아들여 스스로 목숨을 끊도록 했습니다. 송고투는 청 역사상 최초로 러시아와 국경선을 확정지은 네르친스크 조약을 맺을 당시에 청의 대표였을 만큼 강희제의 신임을 받았던 대신입니다.

그러나 윤잉은 반성하지 않고 송고투에 대한 복수심에 사로잡혀 조회에도 얼굴을 내밀지 않았습니다. 결국 분노를 참지 못한 강희제는 1708년 황태자를 폐하여 서인으로 강등시켰습니다. 이러한 사실은 조선 숙종 때 청에서 온 외교 문서를 기록한 『조선왕조실록』에도 나와 있습니다.

청국이 그 태자 윤잉을 폐출하였으니, 본조(조선을 말함)에서 태자에게 주는 방물(조선의 산물을 말함)을 가져오지 말도록 하였다.

_숙종 34년 11월 18일 경인 1번째 기사

황태자의 폐위로 황자들은 황태자가 되기 위한 야심을 더욱 불태웁니다. 후에 옹정제에 오르는 4황자 윤진(愛新覺羅胤禛)은 이 사건으로 입지가 굳어졌습니다. 그가 강희제의 명을 받아 황태자 도당을 처벌하는 역할을 맡았기 때문입니다. 황태자 당에 줄을 선 대신 중에서 재빠르게 4황자를 지지하는 쪽으로 돌아선 사람도 나타났습니다.

황태자 윤잉
출처: 타이베이 국립고궁박물관
National Palace Museum, Taipei

강희제의 외삼촌이자 세 번째 황후의 아버지인 동국유 등은 학식이 깊고 온유하여 부처와 같다는 8황자 윤사를 지지하여 암투에 동참했습니다. 13황자 윤상은 4황자와 손을 잡았고, 9황자 윤당, 10황자 윤아, 14황자 윤제는 8황자를 적극 지지했습니다.

한편 강희제는 비록 윤잉을 폐위시켰지만 여전히 아끼고 있었습니다. 결정적으로 황태자가 보냈다며 강희제 암살을 시도한 자객들이 조사 결과, 제14황자 윤제가 보낸 것으로 밝혀졌습니다. 강희제는 윤잉을 폐위시킨 지 1년 만인 1709년에 그를 황태자로 복위시켰습니다. 그러나 이후에도 윤잉은 마음을 다잡지 못합니다.

황태자가 된 윤잉은 강희제의 후궁 서비 정씨와 사랑을 나누고 동침했습니다. 거기에 그치지 않고 돌이킬 수 없는 일을 저지르고 맙니다. 반역을 꾀한 것입니다. 강희제는 1711년에 통치 기간 중 마지막 남행(남쪽 지방을 순찰하는 것)을 떠나며 황태자에게 대리청정을 맡겼습니다. 그러자 황태자는 오히려 정변을 일으켜 강희제를 태상황으로 물러나게 하고 스스로 황제가 될 군사 계획을 세운 것입니다. 강희제는 북경에 남겨 둔 대신들의 보고로 이와 같은 움직임을 알게 됩니다. 즉시 돌아와 윤잉을 제압한 후 두 번째로 황태자에서 폐위시킵니다. 그리고 윤잉을 냉궁인 함안궁에서 영원히 서인으로 살도록 한다는 성지를 발표했습니다. 또한 앞으로 그 누구도 황태자 책봉을 거론하지 말 것을 명하며, 만약 이를 어기면 지위 고하를 가리지 않고 참형에 처하겠다고 했습니다.

1722년 강희제는 깊은 병이 들었습니다. 강희제는 강희 61년이 되는 1722년 11월 13일(음력), 북경의 이궁(별궁)인 창춘원에서 눈을 감습니다. 눈을 감기 전에 후계자로 4황자 윤진을 지명했습니다. 청의 실록인 『청사고(淸史稿)』에는 그 내용을 이렇게 썼습니다.

제4황자 옹친왕 윤진은 귀한 성품과 깊은 위엄을 지녀, 짐이 생각하건대 필히 대통을 이을 자격을 갖추었다. 짐의 뒤를 이어 즉시 제위에 오르게 하고, 예법에 따라 27일 상복을 벗고 새 황제의 즉위를 천하에 알려 모든 사람들이 이 소식을 듣고 알게 하라.

_ 『성조인황제실록』 강희 61년 11월 13일 두 번째 기사

그런데 강희제 실록이 옹정제 때 편집된 기록이며 강희제가 남긴 조서에는 내용이 달랐다는 주장이 제기됩니다. 문제의 어구는 '4황자 윤진을 황제 자리에 오르게 한다.(傳位於皇四子胤禛)'입니다. 사람들은 원래 당시 무원대장군으로 군권을 손에 쥐고 있었으며 강희제의 신임을 듬뿍 받고 있던 14황자에게 물려준다는 내용의 '14황자에게 물려준다.(傳位十四皇子)'는 문구를 고쳤다고 주장했지요. 열십 자(十)에 한 획을 더해 어조사 우(于)로 만든 다음 '4황자 윤진에게 물려준다.(傳位于四皇子)'로 위조했다는 것입니다.

옹정제에 오른 윤진으로서는 기가 찰 일이었습니다. 그가 강희제의 조서 혹은 청실록까지 위조했다는 소문은 옹정제가 죽은 후에도 수백 년간 중국에 떠돌아다녔습니다. 2013년 중국 당국은 중국 랴오닝성 문서보관소에 보관된 강희제의 유조(선황이 남긴 조서)를 공개했는데 유조 내용은 실록과 거의 유사했습니다. 유조는 만주어와 몽골어, 한자로 각각 쓰여 있어 한자의 획을 붙인다고 달라지는 내용이 아니었습니다. 1735년 옹정제가 죽은 후부터 2013년까지 누명을 벗는 데 수백 년의 세월이 걸렸습니다.

역사상 가장 완벽했던 독재 군주의 두 얼굴

옹정제의 초상화
출처: 타이베이 국립고궁박물관
National Palace Museum, Taipei

옹정제는 4황자 윤진이었던 시절에 황자들의 치열한 다툼을 겪었습니다. 같은 피를 나눈 형제들이 원수보다 더한 적이 되어 서로를 죽음으로 밀어 넣고자 온갖 수단을 동원했지요. 옹정제는 후대의 황자들이 다시는 자신과 같은 수난을 겪지 않도록 해야겠다고 결심합니다.

1723년 옹정 원년 8월, 옹정제는 황자들과 대신들을 모아 놓은 자리에서 '태자밀건법(太子密建法)'을 발표했습

자금성의 건천궁 중앙에 있는 옥좌 위에 '정대광명' 편액이 걸려 있다.　　ⒸDF08

니다. 이후 태자밀건법은 청조의 전통으로 이어져 건륭제, 도광제, 함풍제가 이 방식으로 황제 자리에 올랐습니다. 그렇다면 태자밀건법은 어떤 방식이었을까요?

옹정제는 황자들 중 가장 황제 자리에 적합한 황자에 대한 유조를 자금성 건천궁 옥좌 위에 있는 "정대광명(正大光明)의 현판 뒤에 밀봉한 갑 안 종이에 이름을 써서 넣어 둔다"고 하였습니다. 하지만 그 황자가 황태자에 맞지 않는 행실을 할 때는 즉시 후계자 이름을 다른 황자로 바꾸겠다고 하였습니다. 이것보다 무서운 말이 없습니다. 옹정제가 태자밀건법을 발표한 이후, 황자들은 혹시라도 황태자 후보에서 밀려날까 봐 저마다 열심히 공부하고 옳은 행실을 하려고 노력했습니다. 옹정제는 자신이 갑자기 뜻하지 않게 죽게 되더라도 이 상자를 찾아 열면 후계자를 알 수 있을 것이라고 했습니다.

옹정제가 선택한 인물은 '강건성세(강희제에서 건륭제까지 이르는 청의 전성기를 말함)'라는 말이 나올 정도로 청의 전성기를 이어 간 건륭제(재위 1735~1795)입니다. 건륭제는 어릴 때부터 총명하여 강희제의 황손 중 사랑을 독차지했습니다. 강희제가 윤진에게 황제를 물려준 것도 건륭제가 황제에 오르는 것을 간절히 원했기 때문이라는 소문이 돌 정도였습니다.

옹정제는 황제 자리를 놓고 경쟁을 벌였던 황자들을 철저하게 응징했습니다. 그가 최후까지 경쟁을 벌인 8황자는 있는 대로 트집을 잡아 정치 사회적으로 매장시켜 평민으로 만들었지요. 장안에 이것을 비꼬며 함께 옹정제에 대항하자며 아래와 같은 말이 돌았습니다.

'10월, 난이 일어나 팔불(八佛)이 죄수가 되었다…군민은 새로운 황제를 원망한다…군민이여 함께 일어나자!'

10월은 옹정제의 탄생월이고 '팔불'은 8황자가 평상시 부처와 같이 온유하다 해서 붙여진 별명이었습니다. 옹정제는 분노를 참을 길이 없어 8황자에게 40가지 죄를 덮어씌운 후 만주어로 '개새끼'란 뜻인 '아키나'로 이름을 바꾸게 했습니다. 또 8황자를 지지했던 9황자에게도 28가지 죄를 덮어씌운 후 얼굴이 통통하다고 만주어로 '돼지 새끼'라는 뜻의 '사스헤'란 이름을 사용하게 했습니다. 그뿐이 아닙니다. 한 어머니에게서 태어났고, 병권을 한 손에 쥐고 최후까지 옹정제와 황제 자리를 다투었던 14황자를 능지기로 만든 후 독방에 감금했습니다. 14황자는 건륭제가 즉위한 후 겨우 풀려났습니다.

옹정제는 형제뿐 아니라 조금이라도 청 황실을 비판하는 사람이 있으면 그가 쓴 문자를 트집 잡아 10족까지 죽여 멸족을 시켰습니다. 이것을 '문자의 옥'이라고 합니다. 이렇듯 독재적인 면모가 있었으나 옹정제는 강희제 이상의 탁월한 통치 능력을 보이며 역사에 길이 남을 만한 태평성대를 이룩하였습니다.

황제, 관리와 비밀 편지를 주고받아 전국 곳곳을 신경 쓰다

강희제는 전국 각지에서 올라오는 상소문과 상주문은 물론, 보고서에 슬쩍 끼어 넣은 '밀절(密折)'이라 불리는 비밀 상소 등을 읽고 비답을 내리느라 밤을 지새우는 일이 많았습니다. 그런데 옹정제는 강희제를 넘어서는 지독한 일 중독자였습니다. 또한 무서운 집중력과 결단력으로 통치를 해냈습니다. 옹정제 연구에 정통한 일본의 석학 미야자키 이치사다 교수는 그를 가리켜 '중국 역사상 가장 완벽했던 독재 군주'로 평가했습니다.

옹정제는 강희제가 후계자를 밝히지 않다가 죽기 직전에야 발표한 방식을 더 체계적으로 발전시켜 태자밀건법을 만들었듯이, 지방 관리와 천자가 직접 소통할 수 있도록 획기적인 제도를 고안했습니다. 바로 '주접(奏摺)'입니다. 주접은 천자께 아뢰는 글로 청나라가 세워지기 전에도 있었습니다. 옹정제는 이 주접을 환관인 태감이나 담당 부처 대신들의 손을 거치지 않고 오직 천자만이 볼 수 있는 비밀 편지 제도로 만들었습니다. 현대어로 치면 지방관과 최고 권력자 사이의 '핫라인(hotline)'을 개통한 것입니다.

문관 관리들은 반드시 임지로 향하기 전에 옹정제를 알현하고 여러 가지 지켜야 할 사항을 전달받은 다음, 궁궐을 나갈 때 가늘고 긴 열쇠가 달린 접갑을 받았습니다. 접갑은 궁궐에서 특수 제작한 것으로 열쇠가 단 두 개뿐이었습니다. 그중 하나는 옹정제가, 또 하나는 임지로 향하는 관리가 소유했습니다. 접갑은 혹시 연달아 주접을 올릴 일이 생길 것을 대비하여 4개씩 주었습니다.

임지에 도착한 관리들은 즉시 천자에게 친필로 아뢰는 주접을 올려야 했습니다. 지방에서 관리가 올리는 접갑이 궁궐에 도착하면 태감이 이를 받아 옹정제에게 전달했습니다. 악이태나 전문경, 혹은 이 위 같은 최측근 대신들이나, 옹정제가 가장 신뢰하는 화석이친왕 윤상도 그 내용을 볼 수 없었습니다. 만약 편지에 관리가 황제를 알현할 때 들었던 내용을 잘못 적으면 옹정제는 무엇이 잘못되었는지를 여백에 붉은 먹으로 빼곡히 달아 관리에게 돌려보냈습니다. 이것이 바로 옹정제가 쓴 '주비유지(硃批諭旨)'입니다. '주비유지'는 풀이하면, 천자가 붉은색 먹으로 비평을 달아 천자의 뜻을 밝힌 것입니다. 주비유지로 받은 내용은 누구에게도 말하지 않고 철저하게 비밀을 지켜야 합니다. 옹정제는 주비유지에서 거듭하여 관리들에게 이렇게 요구했습니다.

지방 정치가 잘 운영되고 있는지, 관리가 근면한지, 태만한지, 윗사람은 공평한지 불공평한지, 아랫사람 중에 누가 뛰어나고 누가 모자란지, 군대의 규율은 어떤지 보고하라.

―『옹정제』, 미야자키 이치사다 저 차혜원 역, 이산, 2001

관리들은 누가 자신의 부정한 일을 황제에게 주접으로 보고할까 봐 전전긍긍했습니다. 그래서 부정부패를 저질러 집안이 쑥대밭이 되고 패가망신하는 일이 없도록 극도로 조심했습니다. 옹정제가 가장 싫어하는 것이 국고로 들어가야 할 세곡을 빼돌려 갖는 것입니다. 세곡을 빼돌린 것이 주접을 통해 밝혀지면 그 집안은 풍비박산이 났습니다. 가재도구를 내다 파는 한이 있어도 빼돌린 세곡을 모두 갚아야 했습니다. 옹정제는 주접 제도를 실시하면서 예로부터 극성이던 관리의 고질적인 부패를 뿌리 뽑으려 했습니다.

또한 옹정제는 사방에 밀정을 두어 사정을 살폈습니다. 혹시라도 주접 내용을 통해 무고한 관리가 누명을 쓰는 일이 없도록 세밀한 계획을 세워 주접 제도를 시행한 것입니다.

한편 주접을 올릴 때 조금이라도 거짓을 아뢰거나 때를 맞추지 못하고 사안이 종료된 다음에 주접을 올리면 호된 질책을 당했습니다.

짐은 이 일을 이전부터 확실히 알고 있었다. 너는 이제 와서 무슨 낯짝으로 아뢰는 것이냐…만약 이 일을 지금까지 모르고 있었다면 너는 눈도 귀도 없는 목석이구나.

―『옹정제』, 미야자키 이치사다 저 차혜원 역, 이산, 2001

너희들이 정치를 잘하는지, 못하는지, 짐이 모르고 대충 넘어갈

성 싶은가. 짐이 정무를 보면서 가장 중히 여기는 바는 바로 이런 것을 확실히 파악하는 일이다.

_『옹정제』, 미야자키 이치사다 저 차혜원 역, 이산, 2001

그런가 하면 업무 파악을 제대로 못하거나 일처리를 못하는 지방 관에게는 입에 담기 거북할 정도로 인신공격을 했습니다.

이런, 바보 같은 의견을 잘도 내어 놓는구나. 그나마 서찰로 왔기에 망정이지 만약 정식 공문으로 제출된 것이라면 너는 큰 벌을 받았을 것이다.

_『옹정제』, 미야자키 이치사다 저 차혜원 역, 이산, 2001

바보는 고칠 수 없다는 말은 바로 너를 두고 하는 말이다.

_『옹정제』, 미야자키 이치사다 저 차혜원 역, 이산, 2001

금수(짐승을 말함)라도 너보다는 낫다.

_『옹정제』, 미야자키 이치사다 저 차혜원 역, 이산, 2001

양심을 뭉개 버리고 수치를 수치로 여기지 않는 소인배가 바로 너다.

_『옹정제』, 미야자키 이치사다 저 차혜원 역, 이산, 2001

속임수를 일삼는 거짓말쟁이, 눈가림만 하는 사기꾼.

_『옹정제』, 미야자키 이치사다 저 차혜원 역, 이산, 2001

은혜도 모르고, 의리도 모르는 (인간의 모습을 한) 잘못 둔갑한 늙은 너구리. 국가의 법규를 무너뜨리는 것만이 네가 한 일이다.

_『옹정제』, 미야자키 이치사다 저 차혜원 역, 이산, 2001

주접은 주야를 가리지 않고 전국에서 올라왔습니다. 옹정제가 주접함을 준 관리들은 즉위 2년 처음 주접을 올리도록 한 대학사 외에 지방의 독무, 제독, 통병관, 안찰사 등 1천여 명이 넘었습니다. 하루에 적게는 30여 통, 많게는 5~60여 통이 도착했습니다.

그런데 그 내용을 볼 수 있는 사람은 옹정제뿐이고, 읽은 주접에는 반드시 붉은 먹으로 답을 일일이 달아서 보내니 그 업무량은 인간의 한계를 초월했습니다.

옹정제는 모범적인 천자로, 새벽 4시 전에 일어나 몸가짐을 바르게 한 후 역대 선조의 실록과 조칙집, 정치에 거울이 되는 교훈이 적힌 보훈집을 읽고 아침 7시 전에 식사를 마쳤습니다. 대신들은 오전 6시에 입궐하였고 이들과 면담하며 국사를 논하고 외국 사신을 비롯한 알현을 청하는 사람들을 만났습니다. 또 시간이 비면 중국 고전과 역사서를 읽고 해석을 논하는 공부를 했습니다. 하루 일과가 끝나면 저녁 7~8시 사이가 되는데 이때부터 자정을 훌쩍 넘길 때까지 전국 각지에서 관리들이 보낸 주접을 읽고 붉은색 먹으로 비평을 달아 보냈습니다. 자는 시간은 3~4시간밖에 되지 않습니다.

옹정제는 이렇게 격무에 시달리느라 재위 13년 동안 북경을 벗어난 적이 없습니다. 강희제와 건륭제는 각각 6번이나 강남을 창장강까지 내려가 순행했는데 옹정제는 단 한 차례도 간 적이 없습니다. 그럴 틈이 없었기 때문입니다. 그가 즐겨 간 곳은 강희제가 그에게 선물로 지어 준 북경 근교의 원명원이 고작이었습니다. 그렇기에 주접을 올리는 관리들에게 핵심만을 뽑아서 쓸 것이며, 아부하는 글은 절대 쓰지 말라고 엄히 명했습니다.

짐은 하루 종일 문서를 보고 대신들을 지휘하느라 몹시 분주하지만 너희의 상주문(주접을 말함)은 처음부터 끝까지 한 자도 빠트리지 않고 읽는다 …그러므로 너희 쪽에서 짐이 여러 가지로 바쁨을 살펴 꼭 필요한 것만 골라 간단명료하게 적어 보내라. 부하를 시켜 탁상궁리(책상에서만 이리 저리 생각함)의 작문을 짓거나 몇 냥 몇 전의 세세한 용돈 출납장 같은 회계보고서를 올리는 것은 짐을 방해하고 폐를 끼치는 일일 뿐이다.

—『옹정제』, 미야자키 이치사다 저 차혜원 역, 이산, 2001

짐에 대해 성인이니 뭐니 하는 의례적인 말을 늘어놓는 것이 제일 싫다. 이런 쓸데없는 시간을 보는 시간이 아깝다.

—『옹정제』, 미야자키 이치사다 저 차혜원 역, 이산, 2001

그런가 하면 주접에서는 그럴 듯하게 보고한 후 실행은 제대로 하지 않은 신하에 대해서는 격렬한 비판을 달아 보냈습니다.

만바오와 황궈차이에게서 온 주접은 완전무결하였다. 짐도 거기에 깜박 속아서 길고 긴 답장을 써 보냈다. 그들의 글을 보노라면 마치 꽃잎이 하늘에서 춤추며 내려오는 것처럼 아름다워서 짐도 몇 번이나 칭찬하며 특별히 은전을 베풀었고 청하는 일도 들어주었다. 그러나 뒤에 가서 그들이 무슨 일을 하였는지 살펴보면 한가지도 몸소 실행한 일은 없었다. 이것을 떠올릴 때마다 짐은 부끄러워서 구멍에라도 들어가고 싶은 심정이다.

—『옹정제』, 미야자키 이치사다 저 차혜원 역, 이산, 2001

옹정제는 지방관들에게 백성을 위해 꼭 '실행할 것'을 당부하고 또 당부했습니다. 위의 주비유지들을 읽으면 옹정제가 매우 차갑고 정무에만 집중하는 독재 군주인 것 같지만, 주비유지 곳곳에는 그의 인간적이고 솔직담백한 면모도 잘 나타나 있습니다.

밤이 되면 주위가 조용해져 정신 집중이 잘되기 때문에 지방에서 온 주접의 십중팔구는 밤에 읽고 답장을 쓴다. 이 편지도 지금 등불 아래서 쓰고 있다. 웬일인지 짐은 어릴 적부터 습관적으로 밤이 되면 마음이 차분해진다.

—『옹정제』, 미야자키 이치사다 저 차혜원 역, 이산, 2001

어쩐지 주저하는 글귀가 있기에 이 답장을 쓴다. 시각은 벌써 자정을 지나고 있다.

—『옹정제』, 미야자키 이치사다 저 차혜원 역, 이산, 2001

경의 보고는… 아무리 길어도 이처럼 유익한 보고라면 읽는 것
이 즐거워서 피로를 잊어버리게 된다. 수천 자나 되는 긴 보고문이
라도 길다고 해서 끝까지 읽지 않은 적은 한 번도 없다. 군신 간에
이런 식으로 마음을 쓸 필요는 없다.

_『옹정제』, 미야자키 이치사다 저 차혜원 역, 이산, 2001

또한 옹정제의 주비유지에는 마치 친구에게 말하듯이 자신에 대한
평가를 담기도 했습니다.

짐은 스스로 특별히 탁월한 군주라고는 생각지 않지만, 그렇다
고 해서 열등하고 우매한 군주라고도 생각지 않는다. 이 편지는 등
불 아래서 쓰는 것이라 글자 모양이 엉망인데 비웃지는 말아 달라.

_『옹정제』, 미야자키 이치사다 저 차혜원 역, 이산, 2001

옹정제는 주비유지에 자신의 침전인 양심전(養心殿)에 걸린 편액
(방위나 문위에 걸어 놓은 액자)의 글씨를 소개하면서 통치의 신념을 밝
히기도 했습니다. 천하를 통치하는 천자로서 모든 책임을 지며, 백성
을 고통에 빠트리는 통치는 하지 않겠다는 신념을 잘 알 수 있습니다.

짐이 거처하는 침전 입구의 편액에는 '君爲難(군주가 되는 일은
어려운 것)'이라는 세 글자가 적혀 있다. 침전 양쪽 기둥에는
'原以一人治天下(천하를 다스리는 것은 단 한 사람, 나의 책임)'
'不以天下奉一人(나 하나를 위해 천하를 고달프게 하지는 않으리)'

라는 대련(對聯)을 뽑아 써 두었다.

_『옹정제』, 미야자키 이치사다 저 차혜원 역, 이산, 2001

옹정제는 천하의 재물은 만백성을 위한 것이라고 생각했습니다. 평생 궁궐 한 칸을 늘리지 않았으며 한 번 쓴 종이를 뒤집어 이면의 빈칸에 글을 썼습니다. 옹정제 재위 기간에 생긴 청 최고의 정무 기구였던 군기처 건물도 허름하기 그지없었습니다. 지방관들이 새해가 되어 신년 하례를 올린다고 비단에 주접의 글을 써서 보내면 어김없이 주비유지를 달아 비단을 낭비하지 말고 종이를 쓰라고 당부했습니다.

후에 옹정제는 이렇게 붉은 먹으로 써준 유지를 모아 후대 왕들이 정치에 참고하도록 『옹정주비유지』를 국가에서 간행하도록 하였습니다. 출판을 결심한 데는 혹시라도 관리들이 호되게 야단을 맞았던 내용은 쏙 빼고, 자신의 글재주를 자랑하며 잘 쓴 문장만을 골라 문집을 내는 것을 막기 위함이었다고 합니다. 『옹정주비유지』는 112권에 달하는 방대한 분량이었지만, 이것은 전체 주비유지 중 극히 일부에 지나지 않았습니다. 미처 간행되지 못한 주비유지들이 청이 멸망해 역사에서 사라지는 순간까지 자금성 서고에 남아 있었다고 전합니다.

그 왕들이 올린 편지는
치욕의 역사인가,
생존의 역사인가?

위대한 당나라 왕업(王業)을 여니, 높고도 높은 황제의 길
창창히 빛나네. 전쟁을 그쳐 천하를 평정하고, 문물을 닦아
백대를 이어가리…

_진덕여왕이 손수 비단에 짜 넣어 당에 보낸 태평송

역사 교과서는 부끄러운 역사는

학생들에게 알려 주지 않으려는 경향이 있습니다. 자기 나라의 역사를 공부하면 애국심이 생겨야 하는데 오히려 선조들을 부끄럽게 여길 수 있기 때문입니다. 하지만 자랑스러운 역사도 우리의 역사요, 치욕스러운 역사도 우리의 역사입니다. 부끄럽다고 감출 것이 아니라 있었던 그대로 인지해 잘못하고 부끄러운 과거를 되짚어 보고 오늘의 거울로 삼아 미래를 내다보는 창으로 보아야 합니다. 그래서 같은 치욕을 되풀이하지 않는 것이 역사를 공부하는 진정한 목적이지요.

우리가 삼국의 통일 과정을 공부할 때 광대한 만주 벌판을 품 안에 넣었던 자랑스러운 고구려가 통일을 하지 못하고 신라가 다른 나라를 끌어들여 나당(신라와 당나라를 이르는 말) 연합으로 통일한 것을 안타까워합니다. 신라가 통일하는 바람에 한반도의 허리가 잘려 나가고 만주를 잃는 반쪽 영역만 물려받았다고 생각하지요.

하지만 삼국 시대에 각 나라는 죽고 죽이며 치열하게 공방전을 하는 사이였습니다. 서로 같은 민족으로 보지 않고 적국이라는 개념이 더 강했습니다. '한민족', '삼한일통론', '민족 문화' 이런 용어들은 모두 삼국 통일 이후 신라가 삼국의 영토를 하나로 합쳐서 다스리며 생겨난 개념입니다. 따라서 백제와 고구려를 멸망시키기 위해 어떻게 다른 민족인 당나라와 손을 잡을 수 있었나 하는 민족적인 감정으로 보기보다는 당시 신라가 처한 시대적 배경을 알아보는 것이 우리 역사를 사실적으로 이해하는 것입니다.

살아남기 위해 쓴 왕들의 편지

삼국 시대에 한반도는 3~17개국의 작은 나라로 갈라져 있었습니다. 고구려, 백제, 신라 외에도 가야 하나가 12개국까지 있었던 시기가 있었고, 여기에 울릉도에 있던 우산국과 제주도에 있던 탐라국을 합치면 대략 저런 숫자가 됩니다. 그래서 나라와 나라 간 연합과 동맹이 곧 생존의 길이었습니다.

그중 가장 큰 나라는 고구려였습니다. 하지만 고구려가 아무리 강하고 만주를 호령한 광개토대왕 시기였다 해도 한반도 국가들의 형세는 중국에 조공을 바치는 신세를 면치 못했습니다. 『삼국사기』에 나온 아래 기사가 그것을 증명합니다.

9년(서기 400) 봄 정월, 임금이 연나라에 사신을 보내 조공하였다.
_『삼국사기』제18권 고구려본기 제6(광개토왕)

백제의 경우, 고구려 장수왕의 공격으로 바람 앞 등불처럼 나라가 위태롭게 됩니다. 그때 개로왕은 북위에 이런 표문을 올려 보냈습니다. 표문이란 중국에 보내는 외교 문서입니다. 삼국 시대에는 신하 나라의 처지인 고구려, 백제, 신라가 조공을 바치는 북위나 수, 당나라 등에 올린 글을 말합니다.

18년(서기 472), 위나라에 사신을 보내 조공하고 임금이 표문을 올렸다.

'제가 동쪽 끝에 나라를 세웠으나 고구려가 길을 막고 있어서, 비록 대대로 대국의 교화를 받았으나 번국 신하의 도리를 다할 수 없었습니다. 멀리 궁궐을 바라보면서 달려가고 싶은 마음은 끝이 없으나, 북쪽의 찬바람으로 말미암아 응할 수 없습니다. 생각하건 대 황제 폐하께서는 천명과 조화를 이루고 있으니 존경하는 마음을 이루 말할 수 없습니다. …

(고구려와) 원한을 맺고 화가 이어진 지 30여 년이 되었으니, 재정은 탕진되고 힘은 고갈되어 나라가 점점 쇠약해졌습니다. 만일 폐하의 인자한 마음이 먼 곳까지 빠짐없이 미친다면, 속히 장수를 보내어 우리나라를 구해 주십시오. 마땅히 저의 딸을 보내 후궁을 청소하게 하고, 아울러 자제를 보내 마구간에서 말을 기르게 하겠으며 한 치의 땅, 한 명의 지아비라도 감히 저의 소유로 하지 않겠습니다.'

_『삼국사기』제25권 백제본기 제3(개로왕)

427년에 고구려 장수왕은 남진 정책을 위해 수도를 국내성에서 평양성으로 옮겼습니다. 이후 고구려의 남쪽에 위치한 백제의 개로왕은 고구려가 끊임없이 침공하는 것을 호소하며 북위에 도움을 구하는 구구절절한 표문을 보낸 것입니다. 후손의 입장에서 읽어 보면 참으로 자존심이 상하는 청탁이라고 생각됩니다. 일국의 공주가 후궁의 청소 나인이 되고, 왕자가 마구간의 청소부가 되겠다고 자청할 정도로 비굴하고 애처롭게 북위에게 도움을 요청하니 말입니다.

허나 이런 글을 보낸 적은 비단 개로왕만이 아닙니다. 제발 군사를 보내 달라고 애걸복걸했다 하여 '걸사표(乞師表)'로 붙여진 표문도 있습니다.

우리는 교과서에서 수양제의 113만 명 대군을 물리친 고구려 을지문덕 장군을 매우 자랑스럽게 생각합니다. 그런데 수나라가 고구려 전체 인구를 넘어서는 대군을 이끌고 고구려를 침공한 건 놀랍게도 신라가 수나라에 걸사표를 올렸기 때문입니다. 그것도 유명한 학승으로 수나라에서 유학하고 돌아온 원광 법사가 직접 쓴 글을 썼습니다.

원광 법사는 서라벌 사량부에 살았던 귀산과 추항 두 화랑에게 세속 5계의 계율을 내려 준 고매한 승려입니다. 원문은 전해지지 않으나, 원광은 글을 청하는 신라 진평왕에게 "자기가 살려고 남을 멸하는 것은 승려로서 할 일이 아니지만, 저는 대왕의 나라에 있어 대왕의 수초(水草)를 먹으면서 감히 명령을 좇지 않을 수 없다."고 하면서 명문장으로 글을 썼다고 전합니다.

백제와 고구려의 침략에 시달리던 신라 여왕의 생존술

신라에는 여왕이 세 명 있었습니다. 매우 총명하여 여러 일화를 남기며 첨성대와 황룡사 9층 목탑을 지었다는 선덕여왕과, 선덕여왕이 눈을 감을 때 내린 유지에 따라 왕위를 계승한 선덕여왕의 사촌 동생 진덕여왕, 그리고 신라 말기에 사치와 방탕에 빠져 붉은 바지를 입은 적고적 떼에게 수도인 금성까지 함락당할 뻔한 진성여왕입니다.

진덕여왕(眞德女王, ?~654년, 재위 647~654년)은 이름은 승만(勝

龍)이고, 선덕여왕의 부왕인 진평왕의 동생 갈문왕(이름은 국반)과 월명부인 박씨 사이에서 태어났습니다. 신라는 '골품제도'라는 엄격한 신분 제도가 있어 부모 모두 왕족인 성골만 왕위를 이을 수 있었습니다. 그녀는 마지막 남은 성골이었기에 신라의 제28대왕이 되어 8년간 왕위에 있었습니다.

그녀는 키가 무척 커서 7척에 이르고 팔이 길어서 무릎 아래까지 닿았으며 얼

당 태종

굴은 아름답고 자태가 풍만했다고 합니다. 선덕여왕이 그러했듯이 김유신과 김춘추의 든든한 보좌를 받습니다. 김유신의 지략에 힘입어 반란군 비담을 성공적으로 진압한 그녀는 이찬 알천을 상대등에 임명했습니다. 이때가 647년으로 당 태종은 진덕여왕을 주국낙랑군왕(柱國樂浪郡王)으로 봉했습니다. 주국이란 당의 종2품에 해당하는 신하에게 내리는 직함이었습니다. 오늘날로 치면 차관급이라고 할 수 있습니다.

진덕여왕은 왕위에 오른 해부터 '태화(太和)'라고 하는 고유 연호를 사용했습니다. 이것은 법흥왕부터 신라의 국력이 늘어나 고유 연호를 사용한 전통을 이은 것입니다. 이 진덕여왕이 무엇 때문에 손수 비단에 5언시(다섯 글자의 한자가 한 구를 이루는 한시)를 짜넣어 당 고종에게 보낸 것일까요?

첫 번째 배경은 백제의 잦은 공격 때문입니다. 진덕여왕이 재위한

8년 동안 거의 끊이지 않고 백제와의 결전이 있었습니다. 김유신 장군이 있어 겨우 전략과 기지로 위기를 넘겼지만, 아끼는 신하들이 백제군의 칼날에 수없이 죽어 갔지요.

647년에는 백제가 무산성, 감물성, 동잠성 등 성을 3개나 공격했고, 648년에는 백제군이 요거성 등 성 10개를 점령했으며, 태평송을 보내기 바로 전해 649년에는 석토 등 성 7개를 점령하였습니다. 김유신 장군이 용병술과 전략을 펼쳐 백제군을 막아 내고는 있으나 진덕여왕 입장에서는 한마디로 좌불안석이었습니다. 틈만 나면 쳐들어오는 백제를 도저히 두고 볼 수가 없었던 것입니다.

두 번째 배경은 김춘추의 요청 때문으로 추정됩니다. 648년에 여왕은 이찬 김춘추와 그의 아들 문왕을 당에 보내어 조공했습니다. 용모가 수려하고 자태가 늠름하여 영민하게 보이는 김춘추를 당 태종은 매우 마음에 들어 했습니다. 이에 관해『삼국사기』에는 이런 내용으로 적혀 있기도 합니다.

당으로 간 김춘추가 공자를 모시는 제사와 강론에 충실히 참여해 당 태종의 눈에 더 들었습니다. 김춘추는 드디어 태종 앞에 꿇어 앉아 이렇게 아뢰었습니다.

"신(臣)의 나라는 멀리 바다 모퉁이에 치우쳐 있으면서도 천자의 조정을 섬긴 지 이미 여러 해 되었습니다. 그런데 백제는 강하고 교활하여 여러 차례 마음대로 침략하고 있으며, 더욱이 지난해에는 병사를 크게 일으켜 깊숙이 쳐들어와 성을 수십 개 함락시켜 대국에 조회할 길을 막았습니다. 만약 폐하께서 대국의 병사를 빌려주어 흉악한 적들을 없애지 않는다면, 우리나라 백성은 모두 포로가 될 것이며 산과 바다를 거쳐서 조공을 드리는 일도 다시는 바랄 수 없을 것입니다.…"

태종이 매우 옳다고 여겨 병사의 파견을 허락하였다.

_『삼국사기』 제5권 신라본기 제5(진덕왕)

소위 '나당 연합'에 성공한 것입니다. 영특한 김춘추는 신라 관리들의 복색을 중국 제도를 따르도록 허락해 달라고 하여 더욱 당 태종을 흡족하게 만들었습니다. 이에 김춘추는 큰 선물과 작위까지 받았습니다. 김춘추는 이에 더해 자신의 아들 7명 중 문왕을 태종 옆에서 밤낮으로 숙직시키며 지킬 것을 청해 허락을 받았습니다.

한번은 김춘추가 귀국 길에 고구려 순라병을 만나 목숨을 잃을 뻔했습니다. 김춘추의 시종인 온군해가 김춘추의 복장으로 위장해 대신 죽음을 맞고 김춘추는 간신히 작은 배를 타고 신라로 돌아올 수 있었습니다. 이 소식을 들은 진덕여왕은 몹시 슬퍼하며 죽은 온군해에게 대아찬 직을 내리고 자손들에게도 후한 상을 줍니다. 진덕여왕은 김춘추가 청한 의례를 그대로 행해 신라에서 처음으로 중국의 의관을 갖춰 입게 했습니다.

그러던 중 649년 백제 장군 은상이 쳐들어와 석토 등 7성을 함락시킵니다. 진덕여왕은 마지막 남은 자존심을 버리기로 합니다. 여왕은 당을 칭송하고 그 은혜가 하늘과 같다는 시를 직접 지은 다음, 비단을 짜서 태평송을 무늬로 넣습니다. 그 비단을 650년 김춘추의 아들 김법민(후에 문무왕)을 당에 보내어 당 고종에게 바치게 했습니다. 아

마도 나당 연합을 더욱 굳건히 하려는 김춘추의 강력한 주청이 있었
을 것이라 생각됩니다.

태평송의 전문은 이렇습니다.

위대한 당나라 왕업(王業)을 여니,

높고도 높은 황제의 길 창창히 빛나네.

(大唐開洪業 巍巍皇猷昌)

전쟁을 그쳐 천하를 평정하고, 문물을 닦아 백대를 이어가리.

(止戈戎威定 修文繼百王)

하늘을 본받음에 은혜가 비오듯 하고,

만물을 다스림에 도리와 한 몸 되네.

(統天崇雨施 理物體含章)

지극히도 어질어 해와 달과 짝하고,

운까지 때맞추니 언제나 태평하네.

(深仁偕日月 撫運邁時康)

크고 작은 깃발들은 저다지도 번쩍이며,

징소리 북소리는 어찌 그리 우렁찬가.

(幡旗何赫赫 鉦鼓何鍠鍠)

외방 오랑캐 명을 거역하는 자는,

칼날에 엎어지는 천벌을 받으리라.

(外夷違命者 剪覆被天殃)

순박한 풍속이 곳곳에 퍼지니,

먼 곳 가까운 곳 상서(祥瑞)로움 다투네.

(淳風凝幽顯 遐邇競呈祥)

사계절이 옥촉(玉燭)처럼 조화롭고,

해와 달과 별들이 만방에 두루 도네.

(四時和玉燭 七曜巡萬方)

산악의 정기 받아 어진 재상 내리시며,

황제는 충후한 인재를 등용하도다.

(維嶽降宰輔 維帝任忠良)

삼황과 오제의 덕망이 하나 되어, 우리 당나라를 밝게 비추리라.

(五三成一德 昭我唐家光)

_『삼국사기』제5권 신라본기 제5

역사가들은 5언시 내용이 웅대하면서도 비굴하지 않아 여왕이 직접 지었다기보다는 강수와 같은 외교관이 지었을 것으로 추정하기도 합니다. 지금도 대통령 연설문을 때로는 청와대 연설 전문 비서관들이 쓰듯이 말입니다.

그러나 『삼국사기』에는 '왕직금작오언태평송(王織錦作五言大平頌)'이라 하여 여왕이 태평송을 지어 비단에 짜 넣었다고 기록했습니다. 당 고종은 이러한 진덕여왕의 정성을 가상하게 여겨 김법민에게 대부경의 직위를 내리고 귀국시켰습니다.

여왕은 태평송을 바친 650년에 왕위에 올랐을 때부터 사용해 오던 태화(太和)라는 연호를 버리고 영휘(永徽)라는 당 연호를 사용했습니다. 이는 두 나라 간 관계를 더욱 우호적으로 만들고 나당 연합이 차질 없이 이행되는 데 힘을 실었습니다.

신라 진덕여왕이 당 고종에게 왕으로서 자존감을 뒤로한 채 비단에 태평송을 짜넣어 보낸 것에 대해 혹자들은 중국을 받드는 사대사상이라고 비판합니다. 하지만 사실 관계를 보자면 한반도에서 고립된 신라가 살아남기 위해 쓴 외교적 전략이었다고 평가할 수도 있습니다.

그들은 서로 경계하는 정적일까,
누구보다 신뢰하는 군신일까?

이 편지는 보는 즉시 찢어 버리던지 세초(물에 적셔 글씨를 없앰)하시오. 매번 한 가지 생각이 떠나지 않는데, 비록 집안에서라도 혹 조심하지 않을까 걱정이 되오. 경이 만일 주의하여 치밀하게 행동했다면 이런 생각을 하겠소?

_정조가 심환지에게 보낸 비밀 어찰

조선 제22대 정조 임금

(正祖, 1752~1800 재위 1776~1800)은 조선 역사에서 세종대왕과 어깨를 견줄 만큼 훌륭한 일을 많이 한 국왕입니다. 그의 통치력과 노력으로 조선은 18세기에 다시 한 번 찬란한 문예 부흥과 경제 발전을 이룩할 수 있었습니다.

정조는 영화 〈역린〉이나 〈사도〉, 드라마 〈이산〉 등을 통해 잘 알려져 있듯이 아비 없이 눈물겨운 세손 생활을 보냈습니다. 할아버지 영조가 아버지 사도세자를 뒤주에 가두어 강제로 죽였을 때 정조는 고작 11살이었습니다. 눈앞에서 할아버지가 소주방의 뒤주를 내와

화령전에 걸린 정조 어진

아버지를 산 채로 굶겨 죽이는 것을 목격해야 했던 비련의 주인공입니다. 정조의 친모이며 사도세자의 빈인 혜경궁 홍씨가 지은 회고록 『한중록』에는 당시 정조가 아버지를 구하고자 할아버지 영조에게 울부짖은 내용이 나옵니다.

"아비를 살려 주옵소서."

하니, 대조(영조를 말함)께서, "나가라!" 하고 엄히 호령하시니, 세손이 나와 왕자 재실에 앉아 있었는데 그때 정경이야 고금 천지간에 없으니.

영조는 사도세자가 죽자 양주 중랑포 서쪽 벌판(현 배봉산)에서 묻어 장례를 치렀습니다. 그리고 바로 세손을, 어렸을 때 눈을 감은 효장세자의 양자로 삼아 동궁으로 책봉했습니다. 하지만 영조도 아버지이기에 아들을 자신의 손으로 죽였다는 후회감이 곧 몰아쳤습니다. 영조는 직접 '사도세자(思悼世子, 애달프게 생각하는 세자)' 시호를 지으며 사도세자의 넋을 위로했습니다.

정조 vs 노론 벽파, 살얼음판 같은 싸움이 시작되다

정조가 영조의 왕위를 이을 동궁이 되자 시련이 시작되었습니다. 영조와 사도세자 사이를 틀어 놓아 사도세자를 죽음으로 몰고 갔던 노론은 동궁(정조)이 왕위에 오르지 못하도록 사사건건 방해 공작을 펼쳤기 때문입니다. 노론은 숙종 때 생겨난 붕당으로 영조가 왕에 오르는 데 큰 역할을 한 세력입니다.

노론은 각종 투서와 상소를 올려 동궁을 헐뜯었고 동궁을 무시하는 행위를 일삼았습니다. 그중에는 동궁의 작은 외할아버지 홍인한도 있었습니다. 영조가 80세가 되었을 때 몸이 쇠약해져서 대신들을 모아 놓고 동궁에게 대리청정을 맡기는 것이 어떤지 묻습니다. 홍인한은 이때 이렇게 말했습니다.

"동궁께서는 노론과 소론을 알 필요가 없으며, 이조 판서와 병조 판서를 알 필요가 없습니다. 조정의 일에 이르러서는 더욱이 알 필요가 없습니다."

이것을 '삼불필지설(三不必知說)'이라고 합니다. 『정조실록』에 영조는 이 말을 듣고 한참 흐느껴 울었다고 적혀 있습니다. 이뿐 아니라 동궁이 머무르는 존현각에 괴한이 침입하여 염탐하는 일도 있었지요. 그 배후에는 노론이 있을 것으로 예측되었습니다.

정조는 온갖 어려움을 이기고 1776년 영조가 죽은 후 왕위에 올라 당당히 말했습니다.

"아! 과인은 사도 세자(思悼世子)의 아들이다!"

_정조 즉위년 3월 10일 신사 4번째 기사

정조는 사도세자를 죽음에 몰아넣은 노론들을 유배를 보내거나 사약을 내려 처단했습니다. 이후 정조의 행보에 대해서 우리가 알고 있는 바는 다음과 같습니다. 정조는 사도세자의 죽음을 당연한 결과라고 생각하는 노론 벽파와 갈등하며 살얼음판 같은 싸움을 했다는 것입니다.

심지어 정조가 한창 나이인 50세에 죽은 것은 노론 벽파가 정조를 암살했기 때문이라는 주장도 나왔습니다. 전 이화여대 교수인 이인화씨가 저술해 베스트셀러가 된 『영원한 제국』과 대중 역사 저술가로 유명한 이덕일 씨가 저술한 『조선왕 독살 사건』에도 이러한 내용이 그려져 많은 사람들의 뇌리에 남았지요.

그런데 2009년에 대반전이 일어났습니다. 성균관대학교 동아시아 학술원과 한국 고전 번역원이 노론 벽파의 거두인 심환지(1730~1802)와 정조가 주고받은 비밀 어찰 6책 297통을 세상에 공개한 것입니다.

이 비밀 어찰은 정조가 죽기 4년 전인 1796년(정조 20년) 8월 20일부터, 죽기 13일 전인 1800년(정조 24년) 6월 15일 사이에 건네진 것입니다. 어찰은 임금이 직접 쓴 편지를 말합니다. 정조는 많은 편지를 남긴 군주였습니다. 그의 오른팔이라고 말할 수 있는 남인 출신 영의정 채제공에게 보낸 어찰을 비롯해 수백 통이 알려져 있습니다. 하지만 심환지에게 보낸 어찰은 내용과 성격이 여느 어찰들과는 매우 다릅니다.

그는 내 정적이 아니라 오른팔이다?

당시 심환지는 정조가 추진하려는 정책에 대해 사사건건 논박하는

심환지 영정 (보물 1480호)
출처: 경기도박물관 소장

노론 벽파의 수장으로, 예조 판서와 우의정을 역임한 핵심 관료였습니다. 정조의 국정 운영에 협조적인 정파로는 노론 시파가 있습니다. 노론 시파는 사도세자의 죽음에 동정심을 가지며 소론과 남인들이 함께 참여했습니다. 지금으로 보면 여당인 셈이죠.

반면 노론 벽파는 영조가 66세일 때 왕비로 들인 15세 정순왕후를 중심으로 한 정파입니다. 노론의 원칙론자들이 뭉쳐 있으며 지금으로 보면 야당입니다. 그 선봉이 심환지입니다. 그는 채제공과 이가환, 박제가 등을 공격하는 상소문을 거듭 올려 노론 시파가 피하고 싶은 인물로 꼽힙니다. 정조도 심환지를 꾸짖어 유배를 보낸 일이 있었습니다. 상식적으로 노론 벽파의 중심인물인 심환지와 정조가 무려 4년 동안 비밀 편지를 주고받은 것은 도저히 납득할 수 없는 일인 셈이지요.

정조는 이 비밀이 알려질까 봐 주의에 주의를 당부했습니다. 심환지가 남들이 알 수 있도록 무심하게 처신하자 편지를 보내 맹공격하기도 했지요. 정조의 다혈적인 기질이 비밀 어찰을 통해서 고스란히 드러나기도 합니다.

주의를 주느라 혀가 닳을 지경이다.

내가 그에게 말하지 않은 것을 경은 함부로 이야기했다. 나는 이처럼 경을 격의 없이 대하는데 경은 갈수록 입을 조심하지 않는다. 앞으로 경을 대할 때 나 역시 입을 다무는 수밖에 다른 방법이 없다. 이른바 "이 떡 먹고 이 말 말아라"는 속담과 같으니, 다시금 명심하는 것이 어떠한가? 경은 이제 늙어 머리가 세었다. 게다가 처지와 신임이 어떠한가? 그런데 매번 입조심 한 가지 일만은 탈이 생기니, 경은 생각 없는 늙은이라 하겠다. 너무 답답하다.

_『정조의 비밀 편지』, 안대회 저, 문학동네, 2010

그런가 하면 인간 대 인간으로 백성을 돌보느라 잠잘 시간도, 먹을 시간도 없다는 하소연을 허심탄회하게 털어놓기도 했습니다. 그 내용을 보면 정조가 얼마나 성군인지 잘 알 수 있습니다.

나는 바빠서 눈코 뜰 새 없으니 괴롭고 괴로운 일이오. …백성이 마음에 걸리고 조정이 염려되어 밤마다 침상을 맴도느라 늙고 지쳐 가니 그 괴로움을 어찌 말할 수 있겠소?

_『정조의 비밀 편지』, 안대회 저, 문학동네, 2010

이러한 내용을 흉금 없이 편지 속에 담아냈다면 정조가 심환지를 얼마나 가깝게 여겼는지를 가늠할 수 있습니다. 정조는 자상하여 심환지의 아내가 지병을 앓고 있다는 소식을 듣고 삼 뿌리를 선물로 보내기도 했습니다. 삼복더위 때는 나이 많은 심환지를 위해 부채와 전복, 조청을 바른 정과가 든 찬합을 편지와 함께 보내 심환지를 감격

시킵니다.

정조를 비판하는 가장 강력한 반대자일 수 있는 심환지의 마음을 정조는 어르고 달랩니다. 심환지에게 정승으로 내정하고 있다는 말을 미리 하며 그를 정조의 편이 되게 만들기도 하고, 때로는 불같은 성격을 여과 없이 드러내며 야단치기도 했습니다.

어찌 보면 조선 역사상 최고의 정치 고수는 바로 정조였다고 할 수 있습니다. 정조는 심환지의 가장 강력한 정적인 채제공이 조선을 강타한 전염병에 감염되어 목숨을 잃자 심환지를 재촉하여 조문을 가게 만들었습니다. 다음은 심환지가 도저히 조문을 거절할 수 없도록 압박하는 정조의 편지입니다.

채상(채제공 재상) 집에 반드시 조문하러 가야 하오. 살아 있을 적에 한 자리에 앉아 담소를 나누었는데, 죽은 뒤에 조문 한 번 하지 않는다면 결코 사람 사이 정이 아니오.

_『정조의 비밀 편지』, 안대회 저, 문학동네, 2010

한편 정조는 심환지를 측근으로 만들어 각종 정책을 운영하는 기획자 역할을 맡겼습니다. 대신들이 모두 나서서 반대할 상황이면 이를 돌파할 시나리오로 심환지가 정조의 마음을 그대로 담은 상소를 올리거나 정책을 냈던 거지요.

일간 잘 지냈는가? 나는 차차 나아지고 있다. 유생들의 통문(집단이나 개인이 관계자에게 특정한 사안에 관해 통지하는 문서)이 있다고 들은 듯한데, 소문대로 정말 이렇다면, 어찌 말이 되겠는가? 모쪼록 탐문하여 금하는 것이 어떠한가?

_『정조의 비밀 편지』, 안대회 저, 문학동네, 2010

『정조실록』에는 당시 우참찬이었던 심환지가 좋은 제안을 해 표범 가죽 1장을 하사받은 기록이 있습니다. 그런데 실제로는 정조가 치밀한 각본을 짜서 심환지에게 제안하게 만든 후 그 내용이 매우 좋다고 칭찬하며 상을 내린 것입니다.

이러한 예는 또 있습니다. 사도세자의 수행원이던 홍주 목사 임위가 왕세자의 죽음을 전해 듣고 곡기를 끊어 절명했습니다. 왕이 된 후 정조는 임위의 희생에 걸맞은 사후 대우를 해주고 싶었습니다. 하지만 신하들의 반대가 빗발칠 것을 염려하여 미리 심환지에게 비밀리에 명령을 내려놓았지요. 사도세자를 모신 경모궁에서 추모제를 지낸 날, 조정 대신이 모인 자리에서 심환지는 매우 자연스럽게 임위를 추증하자는 제안을 합니다. 그 덕택에 매우 부드럽게 이 사안이 이루어졌지요.

한편 정조는 심환지에게 보낸 편지에서 분노와 욕을 거침없이 드러내기도 했습니다. 자신이 초계문신으로 발탁했던 24세 젊은 신하의 글을 본 소감을 거친 욕으로 편지에 적고, 비속어 같은 속담까지 적어 보내기도 했습니다.

이른바 김매순이란 입에서 젖비린내 나고 미처 사람 꼴을 갖추지 못한 놈과, 김이영처럼 경박하고 어지러워 동서도 분간 못하는 놈이 편지와 발문으로 감히 선배들의 의론에 주둥아리를 놀린다. 정말 망령된 일이다.

_『정조의 비밀 편지』, 안대회 저, 문학동네, 2010

대사성에 대해 노론이 어찌 한마디 하려 하지 않겠는가? 유생들의 통문(서로 돌려보는 글)이 나왔다는 말은 참으로 이른바 '볼기를 까고 주먹을 맞는 격'이라고 하겠다. 이렇든 저렇든 '아닌 밤중에 홍두깨' 같은 일이 늘 잡류들이 제멋대로 구는 데서 나오는데, 그런 버릇이 오래 가겠는가?

_『정조의 비밀 편지』, 안대회 저, 문학동네, 2010

정조는 거의 매일 심환지에게 편지를 보냈습니다. 많을 때는 하루에 4번을 보낸 적도 있고 아침에만 3번을 보낸 적도 있습니다. 심환지의 답장이 늦으면 재촉하기도 했지요.

소식이 갑자기 끊겼는데 경은 그동안 자고 있었는가? 술에 취해 있었는가? 아니면 어디를 갔었기에 나를 까맣게 잊어버렸는가? 혹시 소식을 전하고 싶지 않아 그런 것인가? 나는 소식이 없어 아쉬웠다. 이렇게 사람을 보내 모과를 보내니 아름다운 옥(편지를 뜻함)으로 되돌려 받을 수 있겠는가?

_『정조의 비밀 편지』, 안대회 저, 문학동네, 2010

이렇게 편지를 주고받다 보니 심환지의 마음에도 주군에 대한 애틋한 정이 물결쳤습니다. 정조가 죽기 6개월 전 1800년 1월 17일에 정조는 부왕인 사도세자의 묘가 있는 현륭원에 생애 마지막 행차를 합니다. 정조는 봉분을 둘러보다가 주먹으로 땅을 치며 통곡합니다. 좁디좁은 뒤주에서 몸부림치다 맞이한 사도세자의 죽음이 너무나 애통했기 때문입니다. 이를 지켜본 좌의정 심환지와 우의정 이시수가 달려와 정조를 양쪽에서 부축이며 울먹였고 심환지는 간곡한 어조로 이렇게 말했다고 실록은 전합니다.

전하께서는 어찌하여 이런 차마 들을 수 없는 하교(왕의 명령. 정조는 울며 능을 내려가지 않겠다고 말함)를 하십니까? 마음 졸이며 어찌할 바를 모르는 신들은 말할 게 없다 해도, 능을 오르내리시는 영혼께 걱정을 끼쳐드림은 왜 생각지 않으십니까?

_ 정조 24년 1월 17일 경오 1번째 기사

다양한 역사책과 소설, 영화에서 심환지가 정조를 암살한 노론 벽파의 대표였다며 그를 정적으로 그리지만, 정조가 심환지에게 보낸 비밀 어찰은 그것이 전혀 사실이 아님을 밝혀 줍니다. 정조는 눈을 감기 불과 13일 전까지 심환지와 편지를 주고받습니다. 그 편지에서 자신의 몸에 이상한 조짐이 있음을 털어놓습니다.

나는 갑자기 눈곱이 불어나고 머리와 얼굴이 부어오르며 목과 폐가 메말라 간다. 눈곱이 짓무르지 않을 때는 연달아 성질이 차가운 약을 먹으면 짓무를 기미가 일단 잦아든다. …귀뿌리와 치흔의

233

핵이 번갈아 통증을 일으킨다. 그 고통을 어찌 말로 형용하겠는가?

_『정조의 비밀 편지』, 안대회 저, 문학동네, 2010

편지를 받고 위안이 되었소. 나는 배 속에서 화기가 올라가기만 하고 내려가지가 않소. 여름이 되어 더욱 심해졌는데 그동안 차가운 약제를 몇 첩이나 먹었는지 모르겠소. 앉는 자리 옆에 항상 약 바구니를 두고 내키는 대로 달여 먹는다오. …

올 한 해 동안 황련을 1근 가까이 먹었는데, 마치 냉수 마시듯 하였으니 어찌 대단히 이상한 일이 아니겠소? 이외에도 항상 얼음물을 마시거나 차가운 온돌의 장판에 등을 붙인 채 잠을 이루지 못하고 뒤척이는데 모두 답답하기만 하오. …

_『정조의 비밀 편지』, 안대회 저, 문학동네, 2010

1800년 6월 28일, 조선을 부흥시킬 수 있는 등불이었던 정조는 그만 50세의 일기를 끝으로 삶을 마쳤습니다. 정조는 좌부승지에 임명된 김조순 등을 접견하다가 병세가 위중해져 심환지가 들어섰을 때는 답도 하지 못했습니다. 너무나 놀란 좌의정 심환지는 정조에게 인삼차와 청심원, 소합원을 들게 했지만 정조는 이를 삼키지 못했습니다. 또 대비전의 분부에 따라 서둘러 올린 탕약 성향정기산도 받아들이지 못하다가 승하했습니다.

정조의 비밀 어찰은 암살의 주모자로 인식되어 온 심환지와, 암살된 자라는 정조가 사실 매우 긴밀한 사이라고 알려 줍니다. 아니, 긴밀하다 못해 정조가 가장 신임했던 신하였음을 말해 주고 있습니다.

한 통의 편지로
수백 년 전 부부의 사랑을
만날 수 있다면

　당신을 여의고는 아무리 해도 나는 살 수 없어요. 빨리 당신에게 가고 싶으니 날 데려가 주세요. 당신 향한 마음을 이승에서 잊을 수 없고, 아무리 해도 서러운 뜻이 한이 없어요. 이 내 마음속은 어디다 두고 자식을 데리고 당신을 그리며 살 수 있을까 생각합니다.
　　　　　　　　　　　　_머리카락으로 엮은 미투리와 함께 관에 넣은 편지

　하늘이 맺어진 연으로 부부가 되어 사랑의 결실을 이루어 아기까지 갖게 되면 인간 사회에서 가장 깊고 아름다운 정(情)이 생깁니다. 어찌할 수 없는 이유로 부부가 헤어지면 하늘이 무너지는 슬픔을 안게 되지요. 눈을 감아도 귀를 막아도 부부가 함께 지냈던 시간들이 가슴속에 남게 됩니다.
　조선 시대에는 남녀의 교제가 자유롭게 허락되지는 않았으므로 남편은 아내를, 아내는 남편을 평생지기로 삼아 서로 의지하며 가정을 일구어 나갔습니다. 그런데 배 속에 사랑의 결실이 무럭무럭 자라고 있는데 부부 중 한 사람이 병에 걸려 생명이 경각에 달한다면 어떨까요? 그 충격이 매우 커서 하늘이 무너져 내리는 기분이 들 것입니다. 게다가 조선 시대에는 의료 시설이나 방법도 제대로 갖추지 못하던 시대였습니다. 그렇다 보니 지푸라기라도 잡는 심정으로 민간에서 전승되어 오는 방법을 써서라도 인생의 반려자를 살리기 위해 있는 힘을 다했을 것입니다.

당신의 소생을 기원하며 머리카락으로 미투리를 짓다

이와 같은 조선 시대의 애달픈 부부의 연이 고스란히 담긴 편지가 발견되었습니다. 그러나 이 편지 이야기에서는 결국 남편이 끝내 생명을 건지지 못하고 세상을 등지게 됩니다. 아내는 배 속의 아기를 부여잡고 통곡하며 피를 토하는 심정으로 정성껏 남편의 장례를 치릅니다. 그리고 남편의 시신이 거두어져 염을 하고 관에 들어갈 때 미투리를 남편의 머리맡에 함께 넣었습니다. 부디 기적이 일어나기를 바라며, 삼단 같이 내려오던 긴 머리를 잘라서 남편의 쾌유를 간절히 기원하며 엮어 내었던 그 미투리를 말입니다.

아내는 붓을 들어 남편과 알콩달콩 사랑을 나누었던 시간을 가슴 쓰리게 추억했습니다. 그리고 덧없이 먼저 가 버린 남편을 한편으로는 원망하고 또 한편으로는 꿈속에서나마 한 번이라도 만나고 싶다고 간절히 소망했습니다. 그런 마음들을 담아 눈물로 범벅이 된 한글 편지를 써내려 갔습니다. 그런 다음 이것을 이제는 차디찬 주검으로 변한 남편의 가슴 위에 올려놓았습니다.

그렇게 이 편지는 어두컴컴한 땅 속에 묻히게 되었습니다. 땅 밑에 들어간 관 위로 석회가 들이부어져 일말의 공기도 들어갈 수 없는 철저한 진공 상태의 단단한 회곽묘가 되었지요.

그로부터 430여 년이 흐른 1998년 4월, 경상북도 안동시 정상동이 택지로 개발이 이루어집니다. 그러면서 계획에 따라 고성 이씨의 문중 묘 2기를 옮기는 작업이 진행되고 있었습니다. 단단한 회곽을 잘라내자 나무결이 생생한 관이 등장했습니다. 그런데 놀랍게도 관 속에서 미라 두 구가 묻힐 당시 모습 그대로 발굴되었습니다. 하나는 키가 180cm 정도나 되는 큰 키의 남성 미라였고, 다른 하나는 노인으로 추정되는 여성 미라였습니다.

고성 이씨 문중의 신고를 받고 안동대학교 박물관 팀이 탐사에 나섰습니다. 그때만 해도 무덤의 주인공들이 누구인지 전혀 알 수가 없는 상태였습니다. 그런데 무덤에서 수습된 70여 점의 유물 중에서 단연코 박물관팀의 눈길을 끄는 유물이 있었습니다. 그것은 무덤 주인공 머리 위에 놓인 한 쌍의 미투리였습니다. 미투리란 짚신이 가진 단점을 보완하기 위해 짚이 아닌 삼, 닥나무 등 튼튼한 여러 재료를 이용하여 엮은 신발을 말합니다.

놀라운 것은 무덤 속에서 발굴된 미투리는 인간, 아마도 여인의 머리카락과 삼을 함께 삼아져 있었다는 것입니다. 도대체 누가 무슨 이유로 머리카락으로 미투리를 엮은 것일까요? 박물관팀은 이런저런 추측을 하고 있었습니다.

미투리를 엮은 사람에 대한 추측은 미투리를 소중히 싸고 있던 한지의 글을 분석하는 과정에서 밝혀졌습니다. 비록 세월이 수백 년 흘러 한지에 쓰여 있는 글 내용을 다 알아볼 수는 없었으나 '내 머리 베어…', '이 신 신어 보지도 못하고…'라는 글귀는 읽을 수 있었습니다. 그리하여 이 미투리가 무덤 주인공의 아내가 남편의 쾌유를 바라며 정성스럽게 만든 것임을 짐작할 수 있었습니다.

무덤 속에서는 한지로 소중하게 겹겹이 감싸 넣은 만시 2편과 살아생전에 무덤 주인공과 부친이 주고받은 편지도 11통 발견되었습니다. 박물관 팀이 무덤 주인공의 신분을 밝혀내는 과정은 마치 조각 퍼즐을 맞추어 가는 것과 같았습니다.

우선 편지를 통해 이름을 알아낼 수가 있었습니다. 무덤 주인공이 부친과 주고받은 편지에는 한결같이 "아들 응태에게 보낸다(寄子應台, 子應台寄書)"라는 글이 적혀 있었기 때문입니다. 무덤이 있던 곳은 고성 이씨 문중 묘였으므로 무덤 주인공의 이름은 이응태로 판명 났습니다. 문제는 산 넘어 산이었습니다.

이름은 밝혀졌지만 그가 어떤 사람인지 언제 태어나서 언제 죽었는지는 알 수가 없었습니다. 고성 이씨 족보에 이응태와 관련한 기록이 전혀 남아 있지 않았기 때문입니다. 그러나 박물관 팀은 이응태의 가슴에 고이 놓여 있던 가로 58cm 세로 34cm의 한지에 기록된 '원이 아버지께'로 시작된 편지 글을 통해 이응태의 삶을 복원시킬 수 있었습니다.

이응태의 아내, 즉 원이 엄마가 쓴 편지에 "병술년 유월 초하룻날 집에서"로 끝맺어 있었기 때문에 이응태가 눈을 감은 해가 병술년임을 알 수 있었습니다. 박물관 팀은 병술년 해를 모두 추적해 이응태가 세상을 떠난 해인 병술년이 1586년임을 밝혀냈습니다.

이와 함께 동생의 죽음을 추모하는 형이 쓴 만시(輓詩)에서 중요한 단서를 또 하나 찾아내었습니다. 만시 중에 "아우와 함께 어버이를 모신 지가 지금까지 31년인데(共汝奉旨甘 于今三十一)"라는 부분이 있었기 때문입니다. 이를 통해 그가 31세에 눈을 감았다는 사실을 알 수 있었습니다. 그리고 그가 죽은 해인 1586년에서 31년을 빼어 그의 출생 연대가 1555년 명종 때임을 밝혀냈습니다.

역사에서 1555년은 을묘년으로, 왜구들이 을묘왜변을 일으켜 이에 대한 비상 기구로 비변사의 기능이 더욱 강화되는 해입니다. 12세란 어린 나이에 왕위에 오른 명종 대신 수렴청정을 하던 문정왕후가 1553년 성년이 된 명종에게 권력을 넘겨준 지 2년이 지났을 때이기도 합니다.

기록된 이 역사 속에서도 수많은 사람들은 각자 살아 숨 쉬며 자신의 생을 살아가고 있었습니다. 유명인이 아닐지라도 그들의 삶은 하나하나 소중하고 아름답습니다. 그리고 그것을 이 편지가 생생하게 보여 주고 있습니다. 안동대학교 박물관 팀은 그 시대를 살며 구구절절 남편에 대한 그리움 속에 편지를 쓴 원이 엄마의 글을 보며 역사 속 인물이 아닌 자신의 생을 살아가는 한 명의 사람으로서 뜨거운 감정을 토로하는 조상들의 생생한 장면을 목격할 수 있었습니다.

'원이 엄마'의 편지를 살펴볼까요? 그녀는 남편에게 "매번 나는 당신에게 함께 누워 '여보, 다른 사람들도 우리처럼 서로 어여삐 여기고 사랑할까요? 남들도 정말 우리 같을까요?'라고 했는데" 하고 적었습니다. 사랑을 하는 데 있어 조선 시대 여성들도 남성 못지않게 적극적으로 제 마음을 드러내고 사랑했다는 것이 생생히 기록되어 있었습니다.

또 편지 내용을 통해 원이 엄마가 유복자를 낳게 되었음을 알 수 있었습니다. 편지에 "당신이 내 배 속의 자식이 나거든 "보고 말할 것 있다" 하고 그렇게 가시니, 배 속의 자식을 낳으면 누구를 아버지라 부르라고 하시는 건지요."라는 내용이 있었기 때문입니다. 배 속의 아기는 아직 이름이 없으므로 아기의 형이자 이응태의 장남의 이름이 원이라는 것도 알 수 있었습니다.

당시는 한지가 매우 귀하다 보니 한 장에 쓰고 싶은 내용을 빼곡하게 쓰고도 쓸 곳이 모자라서 모퉁이마다 글을 썼습니다. 그러면서도 결국 쓸 말을 다 쓰지 못하고 말을 줄인다는 내용으로 끝을 맺었습니다. 흥미로운 것은 남편을 부르는 호칭이 '자내(자네)'로 되어 있는 것입니다. 이를 통해 임진왜란 전만 해도 조선에 남녀 관계가 평등한 모습이었을 것으로 추정했습니다.

원이 엄마의 편지는 16세기에 통용된 한글 문장을 그대로 전해 줌으로써 국어 고문 연구에도 샘물 같이 중요한 자료가 되었습니다. 또 이응태와 함께 묻은 매장 유물에는 이응태가 평상시 입고 지내던 옷은 물론 원이 엄마의 치마와 아이의 바지 등이 있어 조선 시대 전기 복식사 연구를 하는 데도 좋은 자료가 되었습니다.

머리카락으로 미투리를 엮으며 세상을 뜬 남편을 간절하게 그리는 사부곡에 대한 이야기는 우리나라 밖으로도 알려져 세계적인 잡지인 「내셔널지오그래픽」 2007년 11월호에 실리기도 했습니다. '사랑의 머리카락'이라는 제목으로 보도되면서 전 세계인의 가슴에 잔잔한 감동을 안겨 주었습니다. 고고학 잡지 「앤티쿼티(Antiquity)」도 2009년

3월호에 표지 전체를 미투리로 장식하여 원이 엄마의 지극한 사랑을 널리 알렸습니다. 또 중국의 CCTV-4 채널에도 소개되어 조선 여인의 남편을 그리는 애절한 사부곡이 담긴 편지를 띄우며 지구촌 사람들에게 지고지순한 사랑의 테마가 되었습니다.

편지 내용을 현대적인 언어로 고치면 다음과 같습니다. 시간을 뛰어넘어 사랑을 전하는 편지의 힘을 느낄 수 있습니다.

당신이 늘 나에게 말하기를 둘이 머리가 세도록 살다가 함께 죽자고 하시더니, 어찌 나를 두고 당신은 먼저 가셨나요? 나하고 자식은 누구의 말을 듣고 어떻게 살라고 다 버리고 당신 먼저 가시나요?

당신은 나에게 마음을 어떻게 가졌고 나는 당신에 대하여 마음을 어떻게 가졌나요? 매번 나는 당신에게 함께 누워 "여보, 다른 사람들도 우리처럼 서로 어여삐 여기고 사랑할까요? 남들도 우리 같을까요?"라고 했는데, 어떻게 그런 일을 생각하지도 않고 나를 버리고 먼저 가시나요?

당신을 여의고는 아무리 해도 나는 살 수 없어요. 빨리 당신에게 가고 싶으니 날 데려가 주세요. 당신 향한 마음을 이승에서 잊을 수 없고, 아무리 해도 서러운 뜻이 한이 없어요. 이 내 마음속은 어디다 두고 자식을 데리고 당신을 그리며 살 수 있을까 생각합니다.

이 편지를 보시고 내 꿈에 와서 자세히 말해 주세요. 꿈에서 이 편지를 보시고 하는 말을 자세히 듣고 싶어 이렇게 썼습니다. 자세히 보시고 나에게 일러 주세요.

당신은 내 배 속의 자식이 나거든 "보고 말할 것 있다." 하고 그

렇게 가시니, 배 속의 자식을 낳으면 누구를 아버지라 부르라고 하
시는 건지요. 아무리 한들 내 마음 같을까요. 이런 천지가 아득한
일이 하늘 아래 또 있을까요. 당신은 한갓 그곳에 가 계실 뿐이니
아무리 한들 내 마음같이 서러울까요.

안타깝고 끝이 없어 다 못 쓰고 대강만 적습니다. 이 편지 자세
히 보시고 내 꿈에 와서 자세히 말해 주세요. 나는 꿈에 당신을 볼
수 있다고 믿어요. 몰래 와서 보여 주세요. (하고 싶은 말이) 끝이 없
어 이만 적습니다.

병술년 유월 초하룻날 집에서
원이 아버지에게 드림

참고문헌

원사료

『조선왕조실록 朝鮮王朝實錄』

『승정원일기 承政院日記』

사마천『사기 史記』

정조『일성록 日省錄』

김부식『삼국사기 三國史記』

일연『삼국유사 三國遺事』

황현『매천야록 梅泉野錄』

『윤치호 일기』

『閔忠正公遺稿』

옹정제『주비유지 硃批諭旨』

(https://repository.lib.cuhk.edu.hk/en/item/cuhk-977957#page/33/mode/2up

홍콩 중문 대학교 도서관 中國古籍庫 소장본)

사마천「태사공자서(太史公自序)」

사마천「보임소경서 報任少卿書」

단행본

사마천, 김원중 역『사기 본기(개정판)』, 민음사, 2015

사마천, 연변대학 고전연구소 편역『사기 열전』, 서해문집, 2006

양치엔쿤, 장세후 역『사마천과 사기』, 연암서가, 2015

소준섭『史記 근본을 들여다 보다』, 나라아이넷, 2013

아극돈 저, 은몽하·우호 편, 김한규 역『사조선록 역주5, 馬建忠의〈東行三
　　　錄〉解題』, 소명출판, 2012

박철상·백승호·장유승·권두환·안대회 외『정조의 비밀 어찰, 정조가 그의 시
　　　대를 말하다 』, 푸른역사, 2011

안대회,『정조의 비밀 편지』, 문학동네, 2010

미야자키 이치사다, 차혜원 역『옹정제』, 이산, 2001

우타이상, 민경삼 역『강건성왕 옹정제』, 세종서적, 2009

옹정제, 이형준 외 역『대의각미록』, 도서출판b, 2021

와타히키 히로시 외, 김현영 역『편지로 읽는 세계사』, 디오네, 2007

조너선 D. 스펜스, 김희교 역『현대 중국을 찾아서1』, 이산, 1998

조너선 D. 스펜스, 이준갑 역『반역의 책−옹정제와 사상통제』, 이산, 2004

호승, 박종일 역『아편전쟁에서 5.4운동까지−중국근대사』, 인간사랑, 2013

나미키 요리히사 외, 김명수 역,『아편전쟁과 중화제국의 위기』, 논형, 2017

마호하이젠, 김승일·이택산 역『아편전쟁』, 경지출판사, 2018

니홀라스 할라스, 황의방 역『나는 고발한다』, 한길사, 2015

장−프랑수아 시리넬리 외, 한택수 역『지식인의 탄생』, 당대, 2005

아르망 이스라엘, 이은진 역『다시 읽는 드레퓌스 사건』, 자인, 2002

에밀 졸라, 유기환 역『나는 고발한다』, 책세상, 2005

니콜라스 V. 랴자놉스키 외, 조호연 역『러시아의 역사, 하』, 까치, 2011

올랜도 파이지스, 조준래 역『혁명의 러시아 1891~1991』, 어크로스, 2017

쉴라 피츠패트릭, 고광열 역『러시아 혁명 1917~1938』, 사계절, 2017

석파학술연구원,『흥선 대원군 사료휘편 1권/4권』현음사, 2005

호세 리살, 김동엽 역『나를 만지지 마라 1, 2』, 눌민, 2015

호세 리살, 김달진 역『꽃 중의 꽃』, 동안, 2017

호세 리살,『The Indolence of the Filipino』, Createspace Independent
　　　　Publishing Platform, 2013

주명철,『다이아몬드 목걸이 사건과 마리 앙투아네트 신화』, 책세상, 2004

Evelyn Farr『I Love You Madly: Marie-Antoinette and Count Fersen: The
　　　　Secret Letters』, Gardners Books Publishers, 2016

슈테판 츠바이크, 박광자·전영애 역『마리 앙투아네트 베르사유의 장미』, 청미
　　　　래, 2005

장 코르미에, 김미선 역『체 게바라 평전』, 실천문학사, 2005

구광렬『체 게바라의 홀쭉한 배낭』, 실천문학사, 2009

체 게바라, 김홍락 역『체 게바라의 볼리비아 일기』, 학고재, 2011

마이크 곤잘레스, 이수현 역『체 게바라와 쿠바 혁명』, 책갈피, 2005

오귀환『체 게바라, 인간의 존엄을 묻다』, 한겨레출판, 2005

존 리 앤더슨, 허진·안성렬 역『체 게바라 혁명가의 삶 1, 2』, 열린책들, 2015

체 게바라, 박지민 역『체 게바라 자서전(개정판)』, 황매(푸른바람), 2012

알레이다 마치, 박채연 역『체Che, 회상』, 랜덤하우스코리아, 2008

민영환, 조재곤 편역『해천추범』, 책과함께, 2007

김삼웅『의열지사 박재혁 평전』, 호밀밭, 2019

김삼웅『의열단, 항일의 불꽃』, 두레, 2019

박태원『약산과 의열단』, 깊은샘, 2015

김영범『한국 근대 민족 운동과 의열단』, 창비, 1997

이태복『윤봉길 평전』, 동녘, 2019

김광, 이민원·양수지 역『나의 친구 윤봉길』, 도서출판선인, 2017

김상기『윤봉길-자유의 불꽃을 목숨으로 피운 』, 역사공간, 2013

매헌연구원,『매헌학술세미나 발표집』, 매헌기념관, 2012

크리스토퍼 콜럼버스, 이종훈 역,『콜럼버스 항해록』, 서해문집 2004

이성형『콜럼버스가 서쪽으로 간 까닭은?』, 까치, 2003

주경철『크리스토퍼 콜럼버스』, 서울대학교출판문화원, 2013

피터 크리스프, 남경태 역『콜럼버스』, 문학동네, 2005

찰스 만, 최희숙 역『1493』, 황소자리, 2020

김선욱, 박병규『항해와 정복』, 동명사, 2017

콘수엘로 바렐라, 로베르토 마자라, 신윤경 역『크리스토퍼 콜럼버스』, 21세기
    북스, 2010

논문

이영섭,「司馬遷의 發憤著書說 再論」,『중국어문학논집』, 2012, vol. no.76

유강하,「치유적 관점에서 본 사마천(司馬遷)의 글쓰기-「태사공자서(太史公自
    序)」와「보임안서(報任安書)」를 중심으로-」,『문학치료연구』28, 2013.

양중석,「사마천이 남긴 이릉에 관한 기억」,『중국문학』, 2018.

이학로,「아편과 19세기 중국 사회」,『啓明史學』22, 2011.

이영옥,「아편 전쟁 시기 道光帝의 아편정책 」,『東洋史學研究』69, 2000.

임종권,「드레퓌스 사건에 대한 저널리스트들의 논쟁-민족주의·반유대주의와
    정의·인권」,『숭실사학』, 2010.

유기환,「드레퓌스 사건과 졸라의 글쓰기」,『프랑스학연구』, 2005.

김인규,「清雍正帝의 통치기반과 통치철학」,『동양문화연구』, 2013.

김정숙,「『大院君天津往還日記』와 保定府 時節 李昰應의 墨蘭畵」,『장서각』
    7, 2002.

김종성, 「1882년 흥선 대원군 피랍사건의 전말」, 『민족21』, 2013.

김일환, 「흥선 대원군의 피랍(被拉) 체험 기록 연구」, 『한국언어문화』 69, 2019.

주명철, 「'왕비의 다이아먼드 목걸이 사건'의 문화적 의미」, 『역사학보』 177, 2003.

배수정, 「Marie Antoinette의 초상화를 통해 본 18세기 후기 여성 복식의 변화와 계몽주의 사상: 1770~1793을 중심으로」, 『복식』 62, 2012.

김주애, 「초상화에 표현된 마리 앙뜨와네트 여왕 복식의 상징적 의미」, 『한국디자인문화학회지』 17, 2011.

노명호, 「한말 항일투쟁에 나타난 명예자살에 관한 연구 : 이한응, 민영환, 이준을 중심으로」, 『민족사상』 11, 2017.

최열, 「혈죽의 노래, 계정 민영환」, 『내일을 여는 역사』 49, 2012.

이현주, 「민영환의 생애와 구국활동」, 『나라사랑』 102 ,2001.

김도형, 「민영환의 정치 활동과 개혁론」, 『나라사랑』 102, 2001.

이성현, 「민영환의 '殉國' 담론에 대한 고찰」, 『강원사학』 26, 2014.

홍선표, 「윤봉길 의거에 대한 국내외 언론의 반응-국내와 구미 언론을 중심으로-」, 『한국민족운동사연구』 97, 2018.

김남균, 「에이브러햄 링컨: 미국 신화의 탄생」, 『미국사연구』 33, 2011.

양재열, 「에이브러햄 링컨대통령의 정치적 정의: 노예해방령과 수정헌법 13조를 중심으로」, 『대구사학』 116, 2014.

김인규, 「淸雍正帝의 통치기반과 통치철학」, 『동양문화연구』 13, 2013.

김인규, 「雍正帝와 淸代 國家祭祀 — 禮制의 측면에서 본 雍正統治 —」, 『명청사연구』 25, 2006.

최성환, 「'정조-심환지 어찰'과 조선후기 정치사 연구의 전망」, 『역사와 현실』 79, 2011.

안대회, 「御札帖으로 본 正祖의 인간적 면모」, 『대동문화연구』 66, 2009.

안대회, 「정조대 군신(君臣)의 비밀편지 교환과 기밀의 정치운영」, 『정신문화연구」 42, 2019.

김문식, 「正祖 말년의 정국 운영과 沈煥之」, 「대동문화연구」 66, 2009.

「이응태 부인의 한글 편지」, 국사편찬위원회 우리역사넷

http://contents.history.go.kr/mobile/hm/view.do?levelId=hm_089_0010
&period=%EC%A1%B0%EC%84%A0%20%EC%A0%84%EA%B8%B
0&theme=%EC%82%AC%ED%9A%8C&tabId=01